O Tempo Vivo da Memória
ENSAIOS DE PSICOLOGIA SOCIAL

Ecléa Bosi

O Tempo Vivo da Memória
Ensaios de Psicologia Social

4ª *edição*

Ateliê Editorial

Copyright © 2003 Ecléa Bosi

Direitos reservados e protegidos pela Lei 9.610 de 19.02.1998.
É proibida a reprodução total ou parcial sem autorização,
por escrito, da editora.

1ª edição – 2003
2ª edição – 2004
3ª edição – 2013
1ª reimpressão – 2018
4ª edição – 2022

Dados Internacionais de Catalogação na Publicação (CIP)
(Câmara Brasileira do Livro, SP, Brasil)

Bosi, Ecléa, 1936-2017
O Tempo Vivo da Memória: Ensaios de Psicologia Social / Ecléa Bosi. – 4. ed. – Cotia, SP: Ateliê Editorial, 2022.

ISBN 978-65-5580-067-8

1. Memória – Aspectos sociais 2. Psicologia social I. Título.

22-107581   CDD-302

Índices para catálogo sistemático:

1. Psicologia social   302

Maria Alice Ferreira - Bibliotecária – CRB-8/7964

Direitos reservados à

Ateliê Editorial
Estrada da Aldeia de Carapicuíba, 897
06709-300 – Granja Viana – Cotia – SP
Tel.: (11) 4702-5915
www.atelie.com.br / contato@atelie.com.br
facebook.com/atelieeditorial | blog.atelie.com.br

2022
Printed in Brazil
Foi feito o depósito legal

Para o Alfredo
"luce intelletüal, piena d'amore".

DANTE, *Divina Comédia*, Paraíso, XXX.

Sumário

I. SOBRE A MEMÓRIA

1. A Substância Social da Memória 13
   História e Crônica. 13
   História Oral, Histórias de Vida. 16
   SOB O SIGNO DE BENJAMIN. 21
   Tempos Vivos e Tempos Mortos. 23
   Objetos Biográficos e Objetos de Status. 25
   A Luz de Estrelas Remotas 31
   SOB O SIGNO DE BERGSON 35
   O Cone da Memória. 36
   A Fala: Música e Memória. 42

2. A Pesquisa em Memória Social 49

3. Sugestões para um Jovem Pesquisador. 59

4. Memória da Cidade: Lembranças Paulistanas 69

    A Memória como Intermediário Cultural 70
    Caminhos Familiares 73

II. PRECONCEITO, CONFORMISMO, REBELDIA

1. O Campo de Terezin 81

    A História de Terezin 86
    A Administração do Gueto 88
    A Infância no Campo 91
    Babel ao Reverso: A Arte de Terezin 95
    A Música de Terezin 99

2. Entre a Opinião e o Estereótipo 113

3. Submissão e Rebeldia em "O Capote" de Gógol 127

4. Apontamentos sobre a Cultura das
    Classes Pobres 151

    A Cultura Vista de Fora 151
    A Cultura Vista pelo Trabalhador 155
    Unidade e Diversidade 158

5. O Trabalho Manual: Uma Leitura de Gandhi . . . 165

    Responsabilidade pelo Mundo 167
    A Alegria de Recompor o Todo 171

III. QUATRO ESTUDOS SOBRE SIMONE WEIL

1. O que é Desenraizamento 175

    Desenraizamento Operário 177

2. Cultura e Desenraizamento 185

>   *Divulgação da Cultura* 188
> 3. CULTO E ENRAIZAMENTO 195
>   *Canal e Código da Comunicação* 195
>   *Entropia e Redundância* 200
>   *O Abuso da Função Conativa* 202
>   *Música e Fala* 203
> 4. A ATENÇÃO EM SIMONE WEIL.................... 209

1

SOBRE A MEMÓRIA

1
A Substância Social da Memória

História e Crônica

A história que estudamos na escola não aborda o passado recente e pode parecer aos olhos do aluno uma sucessão unilinear de lutas de classes ou de tomadas de poder por diferentes forças. Ela afasta, como se fossem de menor importância, os aspectos do cotidiano, os microcomportamentos, que são fundamentais para a Psicologia Social.

Estes aspectos são abrangidos pelo que chamavam na Idade Média de "crônica" (não esquecer a raiz *chronos* = tempo), anedótica, tecida de pequenos sucessos, de episódios breves da família, de cenas de rua vividas por anônimos.

As comunas medievais tiveram seus cronistas que narravam episódios agradáveis, pitorescos, enfim, aquilo que podemos chamar de crônica urbana. Levando em conta somente os cronistas italianos, citemos, em Milão, Landolfo Senior e Junior, autor de *Historiae Mediolanenses*, em latim vulgar (século XII); em Gênova, os *Anais de Cáffaro di Rustico* (século XII);

em Parma, o *Chronicon* (século XIII), em latim vulgar, onde percebemos o humor maldizente do Irmão Salimbene da Parma, obra rica em pequenos episódios, em conversas de rua, de uma janela para outra.

A cidade de Florença conserva o registro de dois cronistas do século XIV: Dino Compagni, que, na *Cronica delle cose occorrenti ne' tempi suoi*, trata da vida familiar e política da cidade, onde Dante se inspirou para descrever seus contemporâneos e prometer a ida de alguns ao inferno; e Giovanni Villani, autor da *Nuova Cronica* que curiosamente começa a história de Florença pela descrição da Torre de Babel. Eis alguns cronistas do povo ou da pequena burguesia nascente. Na verdade, eles registraram a memória oral. Provando a oralidade das fontes, os dicionários italianos buscaram nos cronistas florentinos as palavras em uso na Idade Média.

Quando, para vencer as "corporações dos ofícios", as *signorie* se instalam, a burguesia concentra seu poder nos centros urbanos: os Doria em Gênova, os Vendramin em Veneza, os Colonna em Roma, os Medici em Florença, os Visconti e os Sforza em Milão, os Grimaldi em Mônaco... A história destas cidades se torna uma história política compacta e vai registrar o poder das grandes famílias, dos reinos, da guerra entre os estados.

A crônica será relegada como um gênero literário menor, que trabalha com o aspecto descontínuo dos eventos. Uma "continuidade" costurada pelo presente surge, unitária e teleológica, como se todos os eventos tivessem um fim: a glória de Luís XIV, de Napoleão, das monarquias nacionais etc.

Quando nos anos 1970, as grandes teorias da história, como a teoria evolucionista, a teoria hegeliano-marxista entram em crise, entra em crise também o sentido da História Política. O oceano de pequenas estórias tomará seu lugar, como a estória do descontínuo, do pontual, do que parece fragmentário, ao ponto de esquecer o tecido histórico que sustenta os fatos, como é o caso da psicologia dos microcomportamentos.

Por que a crônica e a tradição oral estão de novo valorizadas?

A memória oral é um instrumento precioso se desejamos constituir a crônica do cotidiano. Mas ela sempre corre o risco de cair numa "ideologização" da história do cotidiano, como se esta fosse o avesso oculto da história política hegemônica.

Os velhos, as mulheres, os negros, os trabalhadores manuais, camadas da população excluídas da história ensinada na escola, tomam a palavra. A história, que se apoia unicamente em documentos oficiais, não pode dar conta das paixões individuais que se escondem atrás dos episódios. A literatura conhecia já esta prática pelo menos desde o Romantismo: Victor Hugo faz surgir Notre Dame de Paris num quadro popular medieval que a história oficial havia desprezado.

A memória dos velhos pode ser trabalhada como um mediador entre a nossa geração e as testemunhas do passado. Ela é o intermediário informal da cultura, visto que existem mediadores formalizados constituídos pelas instituições (a escola, a igreja, o partido político etc.) e que existe a transmissão de valores, de conteúdos, de atitudes, enfim, os constituintes da cultura.

A memória oral, longe da unilateralidade para a qual tendem certas instituições, faz intervir pontos de vista contraditórios, pelo menos distintos entre eles, e aí se encontra a sua maior riqueza. Ela não pode atingir uma teoria da história nem pretender tal fato: ela ilustra o que chamamos hoje a História das Mentalidades, a História das Sensibilidades.

A memória se enraíza no concreto, no espaço, gesto, imagem e objeto. A história se liga apenas às continuidades temporais, às evoluções e às relações entre as coisas[1].

A pesquisa me permitiu colher alguns resultados sobre a memória familiar, a memória política, a memória do trabalho, enfim, sobre a substância social da memória; exponho agora algumas reflexões com liberdade na eleição dos temas que me são caros, liberdade que gostaria de compartilhar com o leitor.

História Oral, Histórias de Vida

O movimento de recuperação da memória nas ciências humanas será moda acadêmica ou tem origem mais profunda como a necessidade de enraizamento? Do vínculo com o passado se extrai a força para formação de identidade.

Simone Weil julga esse vínculo um Direito Humano semelhante a outros direitos ligados à sobrevivência. Fontes de outras épocas repropõem questões sobre o presente. Simone Weil, para enfrentar os tempos sombrios do nazismo, lia e relia Heródoto, Tucídides, Plutarco, César, Tito Lívio, Tácito... E a *Ilíada*, Ésquilo, Sófocles, que atingiram motivações tão profundas que resistiram até nossos dias; e mergulhou no *Livro dos Mortos* dos egípcios, na *Bíblia*, no *Bhagavad Gitâ*, procurando ouvir nos originais sânscritos e babilônicos o mesmo antigo grito[2].

Quando se trata da história recente, feliz o pesquisador que se pode amparar em testemunhos vivos e reconstituir compor-

---

1. P. Nora, *Les lieux de la mémoire*, Paris, Gallimard, 1984, vol. I, p. XIX.
2. Simone Weil, *A Condição Operária e Outros Estudos sobre a Opressão*, Rio de Janeiro, Paz e Terra, 1996.

tamentos e sensibilidades de uma época! O que se dá se o pesquisador for atento às tensões implícitas, aos subentendidos, ao que foi só sugerido e encoberto pelo medo...

Um exemplo que pode parecer pouco dramático é o relato de uma reunião "oficial" de que o depoente participou. Se for registrado em documento, será esquematizado, empobrecido e sobretudo feito para agradar o poder em exercício ou a facção prestigiada no momento. As atas de reuniões oficiais suprimem as dissonâncias como impertinências, e os conflitos são apagados como digressões inúteis. Onde a razão que vacilou, gaguejou e não soube se expressar? Tais registros não refletem a microssociologia do poder, as redes de influência e não captam a "atmosfera" do grupo: o campo mutuamente compartilhado dos gestaltistas cujos contornos são definidos pelos olhares e expressões faciais.

Mas não vá alguém pensar que as testemunhas orais sejam sempre mais "autênticas" que a versão oficial. Muitas vezes são dominadas por um processo de estereotipia e se dobram à memória institucional.

Ouvi, numa mesa redonda, Michael Hall contar que quando entrevistava um líder sindical que havia encabeçado um movimento operário, este, para desespero do historiador, o atalhou: – "O senhor volte outro dia, estou despreparado. Quero ler o que se escreve sobre o movimento para me informar e responder direito as suas perguntas".

Pude perceber essa força da memória coletiva, trabalhada pela ideologia, sobre a memória individual do recordador, o que ocorreu mesmo quando este participou e testemunhou os fatos e poderia portanto nos dar uma descrição diferenciada e viva.

Parece que há sempre uma NARRATIVA COLETIVA privilegiada no interior de um mito ou de uma ideologia. E essa narrativa explicadora e legitimadora serve ao poder que a transmite e difunde.

A Universidade também tem o poder de contar e interpretar os eventos que se passam no mundo operário ou nos meios populares, em geral.

Há portanto uma memória coletiva produzida no interior de uma classe, mas com poder de difusão, que se alimenta de imagens, sentimento, ideias e valores que dão identidade àquela classe.

A memória oral também tem seus desvios, seus preconceitos, sua inautenticidade. Exemplos não faltam: como a dos franceses que colaboraram com os nazistas durante a guerra. E dos alemães durante a ascensão de Hitler. Quem aclamava o Führer nos estádios? Que multidão erguia milhares de braços? Seriam bonecos ou máscaras de Ensor?

E alguns judeus ao relembrar o Holocausto esquecem os vinte milhões de soviéticos sacrificados pelo nazismo.

Entrevistei japoneses que se dizem pacifistas mas que se recusam a pensar em Hiroshima e Nagasaki.

Cabe-nos interpretar tanto a lembrança quanto o esquecimento.

Esquecimento, omissões, os trechos desfiados de narrativa são exemplos significativos de como se deu a incidência do fato histórico no cotidiano das pessoas. Dos traços que deixou na sensibilidade popular daquela época.

Sempre me intrigou a vivacidade e a riqueza de detalhes com que os velhos paulistanos lembram a Revolução de 1924, a do Isidoro. Não nos surpreenderemos mais contudo, ao verificarmos quantas casas e quintais foram metralhados nos bairros de São Paulo. Houve um êxodo de famílias que se refugiaram no interior com parentes que os acolheram enquanto durou a revolta. E apesar de tudo houve simpatia da população pelos tenentes revoltosos. Seis anos depois, as professoras do Brás, da Mooca, da Lapa, começaram a alfabetizar muitos Isidoros que haviam nascido em 1924.

O presente, entregue às suas incertezas e voltado apenas para o futuro imediato, seria uma prisão.

Se o tecnicismo reinante quer-nos convencer que a nostalgia é sentimento inútil, ela, no entanto faz parte da humanidade do homem e teria direitos de cidadania entre nós, na opinião de Alain Finkielkraut.

A técnica cria *redes* de globalização mas o mundo é feito de territórios, nações, paisagens. O fetichismo da técnica não consegue explicar por que nada substitui a reflexão solitária. A *interação* não esgota o alcance da *comunicação*. Caso contrário, nós nos comunicaríamos apenas com os contemporâneos o que seria uma grave perda. E há formas de comunicação insubstituíveis como a conversa espirituosa entre amigos em volta da mesa, cujo charme a técnica não conseguiria reproduzir[3].

Grande mérito dos depoimentos é a revelação do desnível assustador de experiência vivida nos seres que compartilharam a mesma época; a do militante penetrado de consciência histórica e a dos que apenas buscaram sobreviver. Podemos colher enorme quantidade de informações factuais mas o que importa é delas fazer emergir uma visão do mundo.

Como arrancar do fundo do oceano das idades um "fato puro" memorizado? Quando puxarmos a rede veremos o quanto ela vem carregada de representações ideológicas. Mais que o documento unilinear, a narrativa mostra a complexidade do acontecimento. É a via privilegiada para chegar até o ponto de articulação

---

3. A. Finkelkraut, entrevista a *Label France*, Paris, 2000.

da História com a vida quotidiana. Colhe pontos de vista diversos, às vezes opostos, é uma recomposição constante de dados.

Não esqueçamos que a memória parte do presente, de um presente ávido pelo passado, cuja percepção "é a apropriação veemente do que nós sabemos que não nos pertence mais[4].

A fonte oral sugere mais que afirma, caminha em curvas e desvios obrigando a uma interpretação sutil e rigorosa.

Marguerite Yourcenar confessou que só conseguia recompor o passado com um pé na erudição e outro na magia. Mas sem enveredar por esse caminho, poderemos empregar uma expressão como "sensibilidade diacrônica", o que deve ter o cientista que, além de observar o jogo sincrônico das oposições, procura nos fenômenos a sucessão e o devir.

Segundo Benjamin, os adivinhos achavam que dentro do tempo existia algo a ser extraído; o tempo é não homogêneo e vazio, mas repleto de índices. Os profetas apelavam para as lições da memória porque "o passado arrasta consigo um índice secreto que o remete à salvação"[5].

O mago que transmuta o passado em futuro deve ter mão rápida para capturar o Tempo no átimo da sua cognocibilidade porque ele fulgura um instante e se desvanece. Se o olhar demora e fixa, retém o estereótipo, não uma coisa viva como a imagem que sobe do passado com todo o seu frescor. Chamada de novo, trabalhada pela percepção do agora, arrisca-se a fugir da captura de um presente que não se reconhece nela.

A sensibilidade à diacronia permite que se faça a invocação de uma *gestalt* longínqua que foi um dia um complexo vivo de significações.

4. P. Nora, *op. cit.*, p. XXXII.
5. W. Benjamin, "Teses sobre a Filosofia da História" em *Obras Escolhidas*, vol. I, São Paulo, Brasiliense, 1996.

SOB O SIGNO DE BENJAMIN

Walter Benjamin debruçou-se sobre a memória familiar e a escassa memória pública dos burgueses franceses do tempo de Baudelaire e dos burgueses alemães de sua época. E meditou sobre os efeitos do capitalismo anônimo que corrói, quando não destrói a memória coletiva, forçando o agarrar-se aos fiapos da sua memória familiar[6].

No meu campo de observação estavam velhos recordadores que nasceram no começo do século XX no Brasil. Os anos 1920 e 30 formam a substância de suas lembranças. Pertenceram (uso o pretérito porque eles já se foram) quase todos à classe média baixa que se constituiu com a migração europeia em São Paulo.

Cronologicamente, sem dúvida, são contemporâneos de Benjamin. Mas até que ponto o curso das suas lembranças tende para a vida doméstica, ninho tépido de uma identidade protetora que a anomia capitalista moderna jamais lhes poderia oferecer?

A questão seria impensável sem o cruzamento das fronteiras da Psicologia, da Sociologia, da História, cruzamento que se tornou possível com a leitura de Benjamin e dos frankfurtianos. E deve-se ressaltar a admirável contribuição de um sociólogo clássico sacrificado pelo nazismo, Maurice Halbwachs.

Mas voltando à questão proposta:

Quando um acontecimento político mexe com a cabeça de um determinado grupo social, a memória de cada um de seus membros é afetada pela interpretação que a ideologia dominan-

---

6. Este texto se originou na leitura e arguição que fiz da tese de Jeanne Marie Gagnebin (10.5.1995) publicada no livro *História e Narração em W. Benjamin*, ensaio de um vigor e profundidade notáveis, São Paulo, Perspectiva, 1994.

te dá desse acontecimento. Portanto, uma das faces da memória pública tende a permear as consciências individuais.

É preciso sempre examinar matizando os laços que unem memória e ideologia; laços que, antes da secularização moderna, amarravam a memória pública à memória individual.

Um exemplo talvez ilustre melhor essa hipótese:

A burguesia paulista viveu apaixonadamente a chamada Revolução Constitucionalista de 1932. Não se pode negar nem a participação efetiva da maioria dos seus membros, nem a memória, coletiva e pessoal, que restou dessa participação. O movimento, como se sabe, foi vencido militarmente pelas tropas federais. São Paulo continuou sob o governo de um interventor nomeado por Getúlio Vargas. Esta, a *verità effettuale della cosa*, no dizer de Maquiavel. No entanto, quando um de meus memorialistas recorda o fim da luta, da qual ele participa de corpo e alma como soldado voluntário de primeira hora (pois pertenceu ao 1º batalhão organizado no próprio Instituto do Café), a sua interpretação é, convictamente, a de um vencedor. Como sua classe, como o seu grupo de convivência, o velho Ribas não podia admitir a ideia do fracasso, ele, que no entanto, vira com seus olhos a extensão da derrota. Diz com toda certeza: "São Paulo *não* perdeu, *nem* se rendeu; apenas ensarilhou as armas". E com ele dizem o mesmo os narradores que oficiam anualmente, a 9 de julho, a vitória moral da Revolução de 32 e se elegeu um lugar de memória no monumento "aos épicos de 32". Há, portanto, uma memória coletiva (no caso, a produzida no interior de uma classe, mas com poder de difusão), a qual se alimenta de imagens, sentimentos, ideias e valores que dão identidade e permanência àquela classe. No caso, os interesses da burguesia do café acabaram envolvendo sentimentos regionais de paulistismo, que ainda hoje operam como fator discriminante em plena sociedade de massas, tal como veio a configurar-se a população da cidade de São Paulo. Mas não se pode negar que exista uma memória coletiva ou de classe.

Já dei, noutro lugar, o exemplo do sindicalista que precisou ler livros de História para responder à entrevista sobre o que ele havia vivido.

Quer dizer: não é que não haja mais, absolutamente falando, ocasião para alimentar uma memória pública (maio de 1968 que o diga...; e para nós, as passeatas, a campanha das eleições diretas que o digam também); mas, quando essas ocasiões se dão, a memória desses eventos, mesmo quando participados, pode ser cooptada por estereótipos que nascem ou no interior da própria classe (caso da versão da burguesia paulista de 1932), ou de instituições dominantes como a escola, a universidade que são instâncias interpretativas da História.

Estes exemplos e observações não contradizem absolutamente as reflexões de Benjamin sobre a fabricação sistemática de "espaços de intimidade" e de suas evocações pela cultura burguesa que viveria de costas para a experiência pública; apenas nos dão a pensar que em relação às representações coletivas a classe mais influente deixou suas marcas.

As instituições escolares reproduzem essas versões solidificando uma certa memória social e operando em sentido inverso ao da lembrança pessoal, tão mais veraz em suas hesitações, lacunas e perplexidades.

Tempos Vivos e Tempos Mortos

Existe, dentro da história cronológica, outra história mais densa de substância memorativa no fluxo do tempo. Aparece com clareza nas biografias; tal como nas paisagens, há marcos no espaço onde os valores se adensam.

O tempo biográfico tem andamento como na música desde o *allegro* da infância que parece na lembrança luminoso e doce, até o *adagio* da velhice.

A sociedade industrial multiplica horas mortas que apenas suportamos: são os tempos vazios das filas, dos bancos, da burocracia, preenchimento de formulários...

Como alguns percursos obrigatórios na cidade, que nos trazem acúmulo de signos de mera informação no melhor dos casos; tais percursos sem significação biográfica, são cada vez mais invasivos.

Meus depoentes eram jovens, decênios atrás, e penso que neles tenha pesado menos esse tempo vazio; pesa então sobre nós um desfavor em relação a esses velhos recordadores. Se eu pedir: – Conte-me sua vida! Sei que o intelectual me virá com várias interpretações para preencher lacunas ou iludir esse desfavor.

Mas se eu conseguir que me narrem seus dias como fazem as pessoas mais simples, ficará evidente a espoliação do nosso tempo de vida pela ordem social sem escamoteação possível.

Se a substância memorativa se adensa em algumas passagens, noutras se esgarça com grave prejuízo para a formação da identidade. É grave também nesse processo o ofuscamento perceptivo, ou melhor dizendo, subjetivo, uma vez que afeta o sujeito da percepção.

As coisas aparecem com menos nitidez dada a rapidez e descontinuidade das relações vividas; efeito da alienação, a grande embotadora da cognição, da simples observação do mundo, do conhecimento do outro.

Desse tempo vazio a atenção foge como ave assustada.

* * *

Se há uma relação que une época e narrativa, convém verificar se a perda do dom de narrar é sofrida por todas as classes sociais; mas não foi a classe dominada que fragmentou o mundo e a experiência; foi a outra classe que daí extraiu sua energia, sua força e o conjunto de seus bens.

Objetos Biográficos e Objetos de Status

Na *Pequena História de Fotografia* e em *Paris, Capital do Século XIX*, Benjamin descreve o interior dos lares burgueses, a intimidade atapetada e macia, os detalhes da decoração que procuram marcar a singularidade de seus proprietários.

Criamos sempre ao nosso redor espaços expressivos sendo o processo de valorização dos interiores crescente na medida em que a cidade exibe uma face estranha e adversa para seus moradores.

São tentativas de criar um mundo acolhedor entre as paredes que o isolam do mundo alienado e hostil de fora.

Nas biografias que colhi, as casas descritas tinham janelas para a frente; ver a rua era uma diversão apreciada não havendo a preocupação com o isolamento, como hoje, em que altos muros mantêm a privacidade e escondem a fachada.

Fui tentada a rever uma oposição, que há muito venho fazendo ao comparar lembranças, a oposição entre *objetos biográficos* e *objetos de* status.

Se a mobilidade e a contingência acompanham nossas relações, há algo que desejamos que permaneça imóvel, ao menos na velhice: o conjunto de objetos que nos rodeiam. Nesse conjunto amamos a disposição tácita, mas eloquente. Mais que uma sensação estética ou de utilidade eles nos dão um assentimento à nossa posição no mundo, à nossa identidade; e os que estiveram sempre conosco falam à nossa alma em sua língua natal. O arranjo da sala, cujas cadeiras preparam o círculo das conversas amigas, como a cama prepara o descanso e a mesa de cabeceira os derradeiros instantes do dia, o ritual antes do sono.

A ordem desse espaço nos une e nos separa da sociedade e é um elo familiar com o passado.

Quanto mais votados ao uso cotidiano mais expressivos são os objetos: os metais se arredondam, se ovalam, os cabos de madeira brilham pelo contato com as mãos, tudo perde as arestas e se abranda.

São estes os objetos que Violette Morin[7] chama de objetos biográficos, pois envelhecem com o possuidor e se encorporam à sua vida: o relógio da família, o álbum de fotografias, a medalha do esportista, a máscara do etnólogo, o mapa-múndi do viajante... Cada um desses objetos representa uma experiência vivida, uma aventura afetiva do morador.

Diferentes são os ambientes arrumados para patentear *status*, como um *décor* de teatro: há objetos que a moda valoriza, mas não se enraízam nos interiores ou têm garantia por um ano, não envelhecem com o dono, apenas se deterioram.

Só o objeto biográfico é insubstituível: as coisas que envelhecem conosco nos dão a pacífica sensação de continuidade.

Reconhece Machado de Assis:

Não, não, a minha memória não é boa. É comparável a alguém que tivesse vivido por hospedarias, sem guardar delas nem caras, nem nomes, e somente raras circunstâncias. A quem passe a vida na mesma

---

7. "L'Objet", *Communications 13*, 1969.

casa de família, com os seus eternos móveis e costumes, pessoas e afeições, é que se lhe grava tudo pela continuidade e repetição.

Não só em nossa sociedade dividimos as coisas em objetos de consumo e relíquias de família. Mauss encontra essa distinção em muitos povos: tanto entre os romanos como entre os povos de Samoa, Trobriand e os indígenas norte-americanos. Há talismãs, cobertas de pele e cobres blasonados, tecidos armoriais que se transmitem solenemente como as mulheres no casamento, os privilégios, os nomes às crianças. Essas propriedades são sagradas, não se vendem nem são cedidas, e a família jamais se desfaria delas a não ser com grande desgosto. O conjunto dessas coisas em todas as tribos é sempre de natureza espiritual.

Cada uma dessas coisas tem nome: os tecidos bordados com faces, olhos, figuras animais e humanas, as casas, as paredes decoradas.

Tudo fala, o teto, o fogo, as esculturas, as pinturas.

Os pratos e as colheres blasonadas com o totem do clã são animados e feéricos: são réplicas dos instrumentos inesgotáveis que os espíritos deram aos ancestrais. O tempo acresce seu valor: a *arca* passa a *velha arca*, depois *a velha arca que boia no mar*, até ser chamada de *a velha arca que boia no mar com o sol nascente dentro*.

A casa onde se desenvolve uma criança é povoada de coisas preciosas que não têm preço.

As coisas que modelamos durante anos resistiram a nós com sua alteridade e tomaram algo do que fomos. Onde está nossa primeira casa? Só em sonhos podemos retornar ao chão onde demos nossos primeiros passos.

Condenados pelo sistema econômico à extrema mobilidade,

perdemos a crônica da família e da cidade mesma em nosso percurso errante.

O desenraizamento é condição desagregadora da memória.

* * *

Uma ideia-mestra para análise seria a de uma separação de um espaço privado, pessoal e o espaço público, anônimo.

Creio que ainda se possa ir além e aprofundar essa distinção em termos de psicologia social do espaço vivido.

Tomemos um dos exemplos dados por Benjamin: as fotografias familiares que estão em cima de um móvel numa sala de visitas burguesa.

A sua presença física tem que ser lida fenomenologicamente. E aqui a VISADA INTENCIONAL da pessoa que colocou aquele retrato sobre o móvel é que deve passar pelo crivo do intérprete.

1. A foto do parente que já morreu pode ser contemplada pelo dono da casa como um preito sentido à sua memória. Estamos, portanto, em pleno reino de privacidade, *tout court*, que interessa e afeta a relação pessoal, íntima, do recordado e do recordador.
2. A foto daquele mesmo parente poderia ter sido colocada com o espírito de quem faz uma exposição que interessa o olhar do outro – o olhar social. Por essa visada a foto sobre o móvel carece de uma aura afetiva própria e ganha outra aura, a do *status*, onde estão embutidos valores de distinção, superioridade, competição, na medida em que o morto foi uma pessoa importante, logo dotada de valor-de-troca.

Um olhar inibe o outro: são abordagens qualitativamente excludentes. O objeto ou é biográfico, ou é signo de *status*, e, como tal, entraria para a esfera de uma "intimidade", entre aspas, ostensiva e publicável, que já faz parte da História das Ideologias e das Mentalidades, de que Benjamin foi um admirável precursor. Se essa observação faz sentido, eu diria que o burguês, enquanto agente e produto do universo de valores de troca, não pode refugiar-se autenticamente na esfera da intimidade afetiva, pois até mesmo os seus objetos biográficos podem converter-se – e frequentemente se convertem – em peças de um mecanismo de reprodução de *status*. A sociedade de massas estendeu e multiplicou esse fenômeno e, ao mesmo tempo, o dissipou e o desgastou criando o objeto descartável. A sociedade de consumo é apenas mais rápida na produção, circulação e descarte dos objetos de *status*. E certamente menos requintada e mais pueril do que a burguesia francesa ou alemã do começo do século. Mas não mais cruel.

* * *

E existem, além desses, aqueles objetos perdidos e desparceirados que a ordenação racional do espaço tanto despreza. Cacos misteriosos são pedaços de alguma coisa que pertenceu a alguém. Benjamin, no ensaio famoso sobre Baudelaire, segue os passos do *flaneur* observando vitrinas e galerias; mas haverá alguém para recolher os despojos da cidade para os quais ninguém volta os olhos e o vento dispersa.

Os depoimentos que ouvi estão povoados de coisas perdidas que se daria tudo para encontrar quando nos abandonam, sumindo em fundos insondáveis de armários ou nas fendas do assoalho, e nos deixam à sua procura pelo resto da vida[8].

---

8. No *Orlando Furioso,* de Ariosto, as coisas perdidas na terra sobem para a lua onde permanecem, quem sabe, à nossa espera.

Reproduzo aqui trecho da narrativa que ouvi do Sr. Amadeu, filho de uma grande e afetuosa família de Trieste, que combateu na Resistência durante a última guerra mundial:

– Hoje as crianças leem Pinóquio em adaptação e a história fica bem resumida. Ou veem o filme de Walt Disney. Mas nós tínhamos em casa o livro original do escritor italiano Collodi. Nele, o carpinteiro Gepetto que criou o boneco de pau era um trabalhador que só conheceu a pobreza. Morava num quartinho onde lutava contra a fome e o frio com a força do seu braço que ia diminuindo com a idade. No fundo desse quartinho via-se uma lareira com um belo fogo: mas era apenas uma pintura do engenhoso Gepetto na parede, para iludir o frio do inverno com a visão de uma lareira. Esse desenho me encantava e penso que ainda encanta as crianças que folheiam o livro.

Gepetto aconselhava o teimoso Pinóquio, cabeça de pau:
– Não jogue nada fora. Isso um dia pode servir para alguma coisa!

(Este conselho os velhos vivem repetindo: eles não conseguiram assimilar ainda a experiência do descartável que lhes parece um desperdício cruel. Por isso o armário das vovós é cheio de caixas, retalhos e vidrinhos…)

Os meninos italianos ouviam de suas mães este conselho que Gepetto dava para o endiabrado Pinóquio.

* * *

Capturado pelos nazistas, Amadeu conheceu um extremo despojamento, foi privado de tudo. As roupas largas dançavam no seu corpo e os sapatos, tirados de uma pilha sem numeração, feriam seus pés. Vagava pelo campo como um espectro faminto, ia resistindo no "avesso do nada". Mas sempre havia algo a ser descoberto: um papel rasgado que a ventania arrastava, um santinho amassado que alguém esqueceu, um prego sem cabeça, uma chave partida. Ele ia guardando cada um desses fiapos abandonados.

Por exemplo, de um papel rasgado fez um envelope, descreveu no avesso a sua agonia, endereçou ao irmão em Trieste e escondeu-o num buraco do chão. Dois anos depois seu irmão recebia a carta. Alguém a havia encontrado e enviado pelo correio. Quem teria sido? Nunca souberam.

A chave partida que recolheu num ralo e conservou por tanto tempo, ele transformou num instrumento heroico. Quando conduzido para Auschwitz, usou-a como chave de fenda na janelinha do banheiro do trem e daí saltou para a liberdade e para a vida.

* * *

A Luz de Estrelas Remotas

A memória opera com grande liberdade escolhendo acontecimentos no espaço e no tempo, não arbitrariamente mas porque se relacionam através de índices comuns. São configurações mais intensas quando sobre elas incide o brilho de um significado coletivo.

É tarefa do cientista social procurar esses vínculos de afinidades eletivas entre fenômenos distanciados no tempo.

Como exemplo, cito uma frase do longo depoimento de Dona Jovina Pessoa, militante que acompanhou desde os primeiros vagidos anarquistas do Brasil até a luta pela anistia dos presos políticos que ela travou já com 80 anos.

Recordando sua formação nos bancos escolares ela diz:

– Tinha muita admiração por todos os rebeldes. Quando estudante, lia o grande geógrafo Reclus que só comia pão porque era o que a humanidade pobre podia comer.

Fui consultar o dicionário onde encontrei: "Reclus, Elisée, geógrafo, França (1830-1905), autor de uma *Geografia Universal*".
Achei o verbete muito seco comparado à alusão de D. Jovina.
Procurei mestres de Geografia e quando os interroguei sobre esse autor colhi respostas pobres e evasivas. No entanto, que calor se irradia do rápido lembrar de uma criança atenta: "Quando estudante, lia o grande geógrafo Reclus que só comia pão porque era o que a humanidade pobre podia comer".
Em que momento terá *ela* abraçado o anarquismo? E quem terá sido seu professor? Em que aula transmitiu ele o espírito do geógrafo francês para a menina brasileira?
É prodígio da memória esta evocação da personalidade coerente e apaixonada de Reclus que nos toca como se estivesse junto a nós.
Eis uma tensa configuração formada por Elisée Reclus, por um mestre-escola desconhecido, por Jovina e, através de quem a escutou, vem chegando até nós como índice de salvação.
A constelação memorativa tem um futuro imprevisível; como *gestalt* requer pregnância, fechamento.
E às vezes esse fechamento vai depender de nossos gestos de agora, porque seus autores morreram na véspera, antes de completar a figura de suas vidas.
É a história de um passado aberto, inconcluso, capaz de promessas. Não se deve julgá-lo como um tempo ultrapassado, mas

como um universo contraditório do qual se podem arrancar o sim e o não, a tese e a antítese, o que teve seguimento triunfal e o que foi truncado.

Para tanto exige-se o que Benjamin, no seu ensaio sobre Kafka, chamava de atenção intensa e leve.

Queria aproximar este conceito com o de Simone Weil, filósofa da atenção. Lendo a *Ilíada* como o poema da força, descobriu que Homero contempla com igual serenidade o destino dos gregos e dos troianos, ambos os povos submetidos às leis implacáveis da guerra e da morte.

Esse rememorar meditativo é também o de Banjamin quando, ao rever os profetas do Antigo Testamento, encontra neles direção para ações presentes. Ou seja, fazendo da memória um apoio sólido da vontade, matriz de projetos.

Isto só é possível quando o historiador provoca um rasgo no discurso bem costurado e engomado do historicismo e "se detém bruscamente numa constelação saturada de tensões"[9]. Não o faz para registrar pormenores da mentalidade da época; é uma escolha que tem a ver com o sujeito definido pela ipseidade e não pela semelhança com outros, pela mesmidade. Um sujeito que tomou a palavra ou agiu, "causa de si mesmo", e decidiu eticamente criando um tempo privilegiado, um tempo forte dentro do correr plano dos dias.

Se, para Benjamin, a rememoração é uma retomada salvadora do passado, nos depoimentos biográficos é evidente o processo de re-conhecimento e de elucidação. Escutemos D. Risoleta, anciã negra e antiga cozinheira, que inicia o seu relato:

– Já está acabando esse ano santo e agradeço por estar recordando e burilando meu espírito.

[9]. *Op. cit.*, Tese 17.

O recordar para ela é um tempo sabático e cada fato bruto é lapidado pelo espírito até que desprenda luz.

Por estar cega e muito idosa, medita em sua experiência e tem autoridade de conselheira como prova o resto da narrativa.

Quando o velho narrador e a criança se encontram, os conselhos são absorvidos pela história: a moral da história faz parte da narrativa como um só corpo, gozando as mesmas vantagens estéticas (as rimas, o humor...).

Não tem o peso da moral abstrata, mas a graça da fantasia embora seja uma norma ideal de conduta transmitida[10].

Hoje precisamos decifrar o que esquecemos ou não foi dito, como centelha embaixo das cinzas porque estamos entre dois momentos de uma narrativa. Não podemos dizer como o velho "– Mas a vida passou!", nem como a criança "– Mas a vida ainda não chegou!"

Na chamada idade produtiva (os velhos são os "improdutivos" nas estatísticas), bem, nessa idade os conselhos foram perdidos, ai de nós!

Adorno nas *Minima Moralia* já observa que não se dão mais conselhos, cada um fique com sua opinião.

Temos que procurar sozinhos o conselho esquecido, caminhando entre destroços num chão atulhado pelos tempos mortos que nos são impostos.

Num texto encantador, "Narrar e Curar", Jeanne Marie Gagnebin faz refletir sobre a função curativa das histórias. A narrativa é terapêutica, apressa a convalescença quando a mãe, sentada junto ao leito da criança, desperta-lhe outra vez o gosto pela vida.

---

10. As condições para transmissão plena da experiência já não existem no mundo industrial, segundo Benjamin.

Concordo, porque a história contada é um *farmacon*, antes preparado pela narradora nos tubos e provetas da fantasia e da memória, através de sábia dosagem.

* * *

Nós devemos então contar histórias? A nossa história?

É verdade que, ao narrar uma experiência profunda, nós a perdemos também, naquele momento em que ela se corporifica (e se enrijece) na narrativa.

Porém o mutismo também petrifica a lembrança que se paralisa e sedimenta no fundo da garganta como disse Ungaretti no poema sobre a infância que ficou:

Arrestata in fondo alla gola come una roccia di gridi
[Presa ao fundo da garganta como uma rocha de gritos.]

SOB O SIGNO DE BERGSON

Como Santo Agostinho que, nas *Confissões*, chamava a memória de "ventre da alma", Bergson poderia dizer que, para ele, a memória é a alma da própria alma, ou seja a conservação do espírito pelo espírito.

"Na realidade, não há percepção que não esteja impregnada de lembranças"[11]. Com esta frase, ele adensa e enriquece o que até então parecia bastante simples: a percepção como mero resultado da interação de ambiente com o sistema nervoso. Um outro dado entra no jogo perceptivo: a lembrança que impregna as representações.

---

11. "Matière et Mémoire", *Ouvres*, Paris, PUF, 1959, p. 183.

Temos que recorrer ao pressuposto de uma conservação subliminar de toda a vida psicológica já transcorrida. O afloramento do passado se combina com o processo corporal e presente da percepção.

Começa-se a atribuir à memória uma função decisiva na existência, já que ela permite a relação do corpo presente com o passado e, ao mesmo tempo, interfere no curso atual das representações.

O Cone da Memória

Pela memória, o passado não só vem à tona das águas presentes, misturando com as percepções imediatas, como também empurra, "descola" estas últimas, ocupando o espaço todo da consciência. A memória aparece como força subjetiva ao mesmo tempo profunda e ativa, latente e penetrante, oculta e invasora.

Em outro texto Bergson dirá das lembranças que estão na cola das percepções atuais, "como a sombra junto ao corpo". A memória seria o "lado subjetivo de nosso conhecimento das coisas".

Entrando em cena a lembrança, já não se pode falar apenas de "percepção pura". Seria necessário distinguir, como o faz Bergson, entre esta última e a outra, mais rica e mais viva, que ele denomina "percepção concreta e complexa", na verdade a única real, pois a percepção pura do presente, sem sombra nenhuma de memória, seria antes um conceito-limite do que uma experiência corrente de cada um de nós.

Ao contrário, o que o método introspectivo de Bergson sugere é o fato da *conservação* dos estados psíquicos já vividos; conservação que nos permite escolher entre as alternativas que um novo estímulo pode oferecer. A memória teria uma função prática de limitar a indeterminação (do pensamento e da ação) e de levar o sujeito a reproduzir formas de comportamento que já deram certo. Mais uma vez: a percepção concreta precisa valer-se do passado que de algum modo se compõe da totalidade da nossa experiência adquirida.

Para tornar mais evidente a diferença entre o espaço profundo e cumulativo da memória e o espaço raso e pontual da percepção imediata, Bergson imaginou representá-la pela figura de um cone invertido:

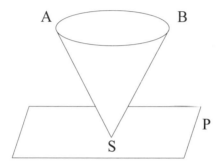

na base estariam as lembranças que "descem" para o presente, no vértice estariam os atos perceptuais que se cumprem no plano do presente e deixam passar as lembranças: "Esses dois atos, percepção e lembrança, se penetram sempre, trocam sempre alguma coisa de suas substâncias por um fenômeno de endosmose".

A figura do cone é assim comentada por Bergson:

Se eu represento por um cone SAB a totalidade das lembranças acumuladas em minha memória, a base AB, assentada no passado, permanece imóvel, ao passo que o vértice S, que figura em todos os momentos o meu presente, avança sem cessar e sem cessar, também, toca o plano móvel P de minha representação atual do universo. Em S concentra-se a imagem do corpo; e, fazendo parte do plano P, essa imagem limita-se a receber e a devolver as ações emanadas de todas as imagens de que se compõe o plano[12].

Bergson afirma também (e esse é um princípio dialetizado da sua doutrina que nem sempre os objetores levaram em conta) que é do presente que parte o chamado ao qual a lembrança responde.

Assentada firmemente a distinção entre percepção e memória, e propostos os seus modos de interação, Bergson procede a uma análise interna diferencial porque o passado se conserva mas não de forma homogênea[13].

De um lado, o corpo guarda esquemas de comportamento de que se vale muitas vezes automaticamente na sua ação sobre as coisas: trata-se da *memória-hábito*, memória dos mecanismos motores. De outro lado, ocorrem lembranças independentes de quaisquer hábitos: lembranças isoladas, singulares, que constituiriam autênticas ressurreições do passado.

A análise do cotidiano mostra que a relação entre estas duas formas de memória é, não raro, conflitiva. Na medida em que a vida psicológica entra na bitola dos hábitos, e move-se para a ação e para os conhecimentos úteis ao trabalho social, restaria pouca margem para o devaneio para onde flui a evocação espontânea das imagens, posta entre a vigília e o sonho.

O contrário também é verdadeiro. O sonho resiste ao enquadramento nos hábitos, que é peculiar ao homem de ação. Este, por sua vez, só relaxa os fios da tensão quando vencido pelo cansaço e pelo sono.

12. *Op. cit.*, p. 293.
13. Em *Memória e Sociedade – Lembranças de Velhos*, *op. cit.*, tratei mais longamente desses temas, São Paulo, Companhia das Letras, 2002, 10ª ed., pp. 46 e ss.

Mas essa distinção entre *vita contemplativa* e *vita activa* já preocupava os teólogos medievais.

Somos todos presas alternativas ou da memória-hábito ou da memória-sonho em diferentes épocas da vida.

Evidentemente Bergson não se ocupa de uma psicologia diferencial. O seu cuidado maior é o de entender as relações entre a conservação do passado e a sua articulação com o presente, a confluência de memória e percepção.

Na tábua de valores de Bergson, a memória pura, aquela que opera no sonho e na poesia, está situada no reino privilegiado do espírito livre, ao passo que a memória transformada em hábito, assim como a percepção "pura", só voltada para ação iminente, funcionam como limites redutores da vida psicológica. A *vita activa* aproveita-se da *vita contemplativa*, e esse aproveitar-se é, muitas vezes, um ato de espoliação.

O espírito humano pressiona sem parar, com a fatalidade da memória, contra a porta que o corpo vai lhe entreabrir: daí os jogos da fantasia e o trabalho da imaginação – liberdades que o espírito toma com a natureza[14].

Se o espírito concentrado num alvo fica tenso, o espaço profundo e cumulativo da memória se estreita como um cone cujo vértice desce e penetra o real. É a percepção imediata do que nos seria útil apreender no momento, visando ação pragmática.

Mas, escreve Franklin Leopoldo e Silva, a condição da arte é o relaxamento desta tensão:

---

14. Bergson, *op. cit.*, p. 317.

O que para nós aparece como criação é fruto dessa descontração, dessa distração pela qual o espírito se distende [...]. A percepção alargada e aprofundada, [...] consiste nesta indeterminação do foco da atenção, graças à qual o artista percebe os aspectos insuspeitados e inesperados do real[15].

Distração tem sua origem em dis-tração ou desvio do eixo de tração pelo qual somos puxados.

O aluno escuta a aula e anota no caderno aquilo que da matéria lhe parece proveitoso. No entanto, em certos momentos, ele esquece de anotar para não perder as palavras do professor que narram algo que desperta seu interesse. Suspende a anotação e o espírito se perde em lembranças, ideias, relações com episódios vividos. Estes salutares momentos de distração vencem o utilitarismo e alargam o conhecimento.

* * *

Bergson trouxe novas luzes para os fenômenos surpreendentes da memória individual: a lembrança, a imagem que aflora e que torna vivo um rosto que perdemos anos atrás, uma voz ouvida na infância que retorna obsessiva e fiel a seu próprio timbre... Essa evocação proustiana que os relatos autobiográficos mostram como atividade psíquica dotada de força e significado.

Ele criticou as teorias psicofísicas de sua época cujas pretensões positivistas embalavam a recém-nascida ciência psicológica. Hoje não precisamos escolher ou Bergson ou Psicologia porque até o atormentado começo do século XXI sobreviveram

---

15. "Bergson, Proust. Tensões do Tempo", *Tempo e História*, São Paulo, Companhia das Letras, 1992, p. 146.

Bergson e a Psicologia; mas uma Psicologia que se renovou com a Fenomenologia, a Antropologia, a História Social...

Não sendo mais (assim desejo ardentemente) reducionista, classificatória, mudou seus métodos e linguagem, embora não tenha alcançado o estatuto ontológico que Bergson desejava para ela: uma Psicologia como um conhecimento de vir-a-ser, tendo como objeto o tempo vivido[16].

A única realidade que está por trás dos fenômenos, no pensamento bergsoniano, é o devir; o tempo que flui, o vir-a-ser.

Como atingi-lo? A ciência e a lógica não conseguem captar esse fluxo: os conceitos apenas recortam e cristalizam o tempo a fim de tratá-lo como se fosse espacializável.

Essa busca da fixação do sentido atrai a ciência e tem a ver com uma tendência profunda da percepção para a estabilidade. É como que o repouso da percepção que deve lidar com a descontinuidade das coisas, ligada ao presente, à matéria, ao corpo. É o trabalho do perceber, faculdade que governa o relacionamento prático com o mundo, mas nem sempre nosso trabalho corresponde à nossa vocação.

Talvez a tendência da percepção não seja apenas a estabilidade, mas também a busca aventurosa do conhecimento.

O corpo, pelo seu sistema nervoso, é um reservatório de indeterminação, portanto de liberdade. Ao passo que as demais funções do sistema nervoso são adaptativas, a vocação do córtex parece ser, no limite, o comportamento que, através do desequilíbrio, gera equilíbrios novos.

---

16. Os psicólogos deveriam ler *Bergson: Intuição e Discurso Filosófico* de Franklin Leopoldo e Silva (São Paulo, Loyola, 1994) de cujas teses tive a honra de participar. Franklin Leopoldo e Silva é o maior estudioso de Bergson em nosso meio.

Um exemplo que conto aos alunos é o do menino que aprendeu a andar de bicicleta e mediante treinamento consegue correr com segurança e rapidez. De repente, uma atitude inesperada: ele fica de pé num só pedal, a bicicleta pende, ele vai cair. Mas não cai e passa a correr se reequilibrando de forma nova: eis um comportamento cortical.

O cérebro é capaz de apostar no que sempre perdeu e se lançar no imprevisível, pois seus critérios não são os da eficiência imediata nem os da recompensa no presente[17].

Uma sociedade que nos condiciona por seus meios de comunicação a dar respostas para as quais bastaria o cordão espinhal (– Compre! – Coma!) não corresponde à generosidade da função cerebral.

Revendo estudos de Psicologia sobre conformismo e submissão, opinião e preconceito à luz do pensamento de Bergson, pareceu-nos que a estabilidade da percepção é uma queda, que, no seu grau mais baixo, é o repouso no estereótipo (palavra derivada de estéreo = espaço).

A Fala: Música e Memória

Só a intuição é capaz de apreender o movimento contínuo do devir. A intuição é uma leitura interna da *duração*. Ela o faz produzindo imagens.

A corrente de imagens desencadeada pela intuição poética alcança mais diretamente o ser da natureza que um teorema da Física ou uma equação matemática.

---

17. O professor Flavio Di Giorgi ensinou-me a etmologia de *experiência*. É o que salta fora (ex) do *perímetro* de um círculo já percorrido.

As metáforas que aproximam referentes diversos em uma só imagem (olho humano → olho d'água) nos ensinam mais sobre as correspondências internas do real que os termos definidores dos dicionários que isolam os respectivos referentes (olho ≠ fonte).

Segundo Alfredo Bosi,

Uma conquista da linguagem narrativa e da ficção é a superação de um ponto de vista fixo, sempre igual a si mesmo, por um fluxo interior (*stream of consciousness*), procedimento que tem sua gênese na ideia bergsoniana do espírito como contínuo *vir-a-ser*. Também a recuperação que Marcel Proust faz do tempo, em A Procura do Tempo Perdido, recebeu da doutrina de Bergson um alento teórico no que diz respeito aos trabalhos da memória. A memória resgata o tempo mediante as imagens. Bergson cunhou a distinção entre memória-imagem e memória-hábito. Para a literatura ambos os conceitos têm seu campo de aplicação:

a) na poesia lírica, a expressão da subjetividade é tecida de imagens escavadas do subconsciente e salvas do esquecimento. São as puras lembranças despojadas de todo convencionalismo;

b) mas há também os *tópoi*, autênticas INSTITUIÇÕES CULTURAIS, temas recorrentes que nos remetem ao caráter social e histórico da literatura. Aqui deve falar-se em *memória-hábito*.

Lembrando Schopenhauer, diz Bergson que a intuição estética levanta o véu espesso que a rotina interpõe entre nós e as coisas; véu que impede os homens de entrar em comunicação imediata com os seres, como o fazem espontaneamente os artistas[18].

18. "Bergson, Proust. Tensões do Tempo", *op. cit.*, p. 149.

Franklin Leopoldo e Silva, num profundo ensaio bergsoniano relacionando percepção da realidade e obra de arte, encontro da consciência com a temporalidade, escreve: "mas que a narrativa dessa experiência, na forma romanesca da *Busca do Tempo Perdido*, seja também uma Busca da Verdade na forma da narrativa reflexiva [...]".

O que posso observar de minha experiência é o que encontrei conversando com pessoas que se entregaram à rememoração.

Ouvindo depoimentos orais constatamos que o sujeito mnêmico não lembra uma ou outra imagem. Ele evoca, dá voz, faz falar, diz de novo o conteúdo de suas vivências. Enquanto evoca ele está vivendo atualmente e com uma intensidade nova a sua experiência.

A narrativa oral que ignora a sedimentação do discurso escrito é temporal e não espacializadora – modalidade própria dessa visão imediata do passado, que a rigor é também intuição de um presente desvendado.

O sujeito se sente crescer junto com a expressão dessa intuição. Psiquicamente e até somaticamente se sente rejuvenescido. ("Lembrar faz bem ao meu coração" disse-me um velho cardíaco.) O corpo memorativo recebe um tônico e uma força inesperada.

Já o esquecimento, que atravessou o rio Letes, é letal. Conduz também à letargia da cognição do presente.

O cone da memória avança sem cessar para o futuro. Enquanto a percepção é a interseção do corpo com o mundo, a memória é a conservação que o espírito faz de si mesmo.

Há, pois, da parte do sujeito que conhecemos sob a forma de narrador oral memorialista uma atividade que não é apenas de simbolização (por meio de conceitos ou de operações do entendimento); é também da intuição de um devir, do seu próprio devir de homem que se vê envelhecendo, enquanto sentimento de um tempo que, simultaneamente, passou a se re-apresentar à consciência e ao coração.

É mais que um reviver de imagens do passado.

Pode existir no narrador oral um minuto em que ele intui a temporalidade.

Seu caminho familiar entre os infinitos caminhos possíveis é uma trilha de formiga: o tempo vivido pela biografia é aquele *pouco* captado pela memória narrativa. Mas a pessoa reflete sobre o tempo que lhe aparece como luz atrás de um pano esgarçado.

No discurso filosófico a captação do tempo, quando possível for, é uma questão de conhecimento; na história de vida, perder o tempo é perder a identidade, é perder-se a si mesmo.

Se há intuição da temporalidade, penso que há também (hipótese que ofereço à apreciação dos estudiosos) uma *semiologia dessa intuição* na fala do rememorante.

Insisto nos termos *narrativa* e *oralidade*. Ambas se desenvolveram no tempo, falam no tempo e do tempo, recuperando *na própria voz* o fluxo circular que a memória abre do presente para o passado e deste para o presente. Eu diria que a expressão oral da memória de vida tem a ver mais com a música do que com o discurso escrito.

Há componentes musicais inerentes à expressão oral. Os sons compõem um reino flutuante e o pensamento decompõe a superfície da água em vagas e ondulações... frases, palavras,...

É de Saussure a metáfora poderosa: a imagem do Espírito subdividindo os sons como o vento agitando o mar.

A primitiva música indivisa se recompõe na memória através do ritmo da língua: sucessão de sílabas fortes e fracas, átonas e tônicas, alternância do tempo que vai e vem.

Temos elementos de melodia na sucessão ascendente e descendente da entonação, onde a voz sobe na pergunta, desce na dúvida.

A fala é composta de curvas melódicas.

Exemplos:

CRESCENDO e DECRESCENDO: – Ele já saiu? Que sossego!
FERMATAS: Era loonge... ⌒
STACCATO: Recusa ca-te-gó-ri-ca.
TIMBRE: Aberto (sol) Fechado (noturno)
HARMONIA: na música é simultânea (dois pentagramas para mão direita e esquerda, solo e acompanhamento). Na fala, os *ritornelli* são ecos e rimas.
ANDAMENTO (*Timing*): medida de duração da narrativa lenta ou rápida: *allegro* na infância, *presto* ou *prestíssimo* na idade adulta, *adagio* na velhice...

O poeta se vale mais que ninguém de recursos melódicos[19]. Veja-se na estrofe de Alphonsus de Guimarães as rimas em *u* para evidenciar amargura:

Quem melhor do que vós se a dor perdura,
para coroar-me, rosas passageiras,
o sonho que se esvai na desventura?

---

19. Em *O Ser e o Tempo da Poesia*, Alfredo Bosi assinala que o valor de escuridão e angústia da vogal *u* "não se produz apenas no som da vogal, mas em todo o processo de sonorização do tema, que enlaça o jogo de ecos e contrastes, o ritmo, o metro, o andamento da frase e a entoação". Atrás do fonema há um contexto inteiro de interpretação; segundo o autor ele seria "um *acorde vivido* que fundiria o som do signo e a impressão do objeto" (O som no signo). São Paulo, Companhia das Letras, 2000, pp. 61 e 64.

Interessante lembrar que estes componentes melódicos rítmicos são chamados pelos linguistas "elementos suprassegmentais", estando acima das partições dos fonemas, morfemas e sintagmas do discurso. O canto e o ritmo da palavra são operações significativas que não podem ser segmentadas.

Se a palavra (como signo escrito) é espacializadora, a fala parece mais próxima da música e da intuição do tempo.

Antes de ser registradora, fui uma ouvinte privilegiada da memória. Mas o leitor só vai apanhar o registro dos depoimentos, naturalmente com figuras de linguagem e terá que transformar os signos escritos num contínuo interior – que é a recuperação do oral. Quem lê poesia pode se imaginar "escutando" os versos por uma voz cheia de harmonias.

Os elementos suprassegmentais trazem conotações afetivas, expressivas como projeções da vida subjetiva que não se contenta com a ordem das palavras ou das frases: precisa do tom, do andamento, do ritmo para dizer-se.

* * *

A posição de Bergson é a da impossibilidade de o discurso de ideias exprimir a intuição do Tempo mediante uma rede de conceitos e símbolos. Mas vê na linguagem metafórica do artista a possibilidade de realizar a conjunção de ato intuitivo e expressão, que o discurso convencional não alcança.

No entanto, o movimento interior que o memorialista desencadeia redime também a linguagem de seus hábitos cristalizados.

Muitas vezes o uso emotivo, sugestivo, musical suplanta o representativo. Quando, no correr da entrevista, Dona Risoleta descreve o atribulado cotidiano da pobreza, sua risada de preta velha sacode a narrativa, relativizando o presente que não é o absoluto para ela.

Não estamos aqui diante daqueles processos fundamentais da expressão pelos quais a fala também é gesto e canto?

Processos que estão na base da poesia e da narração literária, processos que atravessam a lírica, a épica e que, mais ainda, foram a sua condição de possibilidade?

Quem está atento à escuta da voz e do *pathos* do narrador oral, que revive os momentos cruciais de sua vida, consegue distinguir uma fala que, ao mesmo tempo, produz imagens e conota a sentimento do tempo enquanto *duração*. Não é portanto uma linguagem de coisas (no sentido estreito de função referencial), pois o que se lembra são *momentos* vividos, respostas pessoais, em suma, a melodia do passado interpretada pelo presente. Não é uma *linguagem de coisas* porque o autor da narrativa oral coincide existencialmente com o seu sujeito; a duração do relato coincide com o Tempo relembrado que assim é intuído por dentro.

Concluímos então que a Psicologia enquanto *fenomenologia dos atos expressivos* pode dialogar muito cordialmente com os discípulos de Bergson.

A intuição sofrida do tempo é a filosofia do recordador que está realizando o que Sócrates pedia ao filósofo, pois o velho narrador revivendo está aprendendo a morrer.

2
A Pesquisa em Memória Social

O interesse em sondar as formas da memória social, despertado nos anos 1970, tornou-se intenso nas ciências humanas e isso nos dá o que pensar.

Será o resgate da memória como que uma História alternativa? Ou será um método diverso de abordar a História, que complementa as fontes escritas?

Logo no início o pesquisador deve enfrentar o fato de que uma história de vida, ou mil histórias de vida jamais substituirão um conceito ou uma teoria da História.

Depoimentos colhidos, por mais ricos que sejam, não podem tomar o lugar de uma teoria totalizante que elucide estruturas e transformações econômicas, ou que explique um processo social, uma revolução política.

Muito mais que qualquer outra fonte, o depoimento oral ou escrito necessita esforço de sistematização e claras coordenadas interpretativas.

Registrando as lembranças da minha cidade, procurei recolher aquela evocação disciplinada que chamei *memória-trabalho*, tão diversa da livre rememoração![1]

Tento aqui discutir problemas relativos à pesquisa buscando responder algumas das muitas questões que ela tem suscitado.

* * *

Quando se pergunta pelo método de um trabalho científico a resposta tem de ser procurada em, pelo menos, dois níveis:

I. A orientação geral da pesquisa, "tendência teórica" que guiou a hipótese inicial até a interpretação final dos dados colhidos.
II. A técnica particular da pesquisa, o procedimento.

É claro que esses dois níveis se cruzam na mente do estudioso que sempre reflete enquanto observa ou colhe dados, pois a tarefa do conhecimento não se cumpre sem a *escolha do campo de significação* e sem a inserção das informações obtidas nesse campo.

Desde o passo inicial, no encaminhar de uma simples questão, já se revela a filosofia que subjaz ao trabalho.

O ideal sempre é que o intérprete seja a mesma pessoa que proceda à colheita de dados.

Findo o trabalho, este não pode ser submetido a exame ou desmontado como a engrenagem de um relógio, mas podem-se rememorar os caminhos trilhados para auxílio dos futuros investigadores.

Em todo o meu trabalho sobre memória e sociedade operou como um modelo exemplar de conhecimento psicológico o

---

1. *Memória e Sociedade. Lembranças de Velhos*, cit.

pressuposto mais geral da Teoria Gestáltica, aquele que enlaça estruturalmente as *formas de comportamento a complexos vivos de significação*. O princípio fundamental de que existem CAMPOS DE SENTIDO não só no psiquismo individual – como o demonstram os estudos célebres de Koffka e Wertheimer sobre percepção de objetos – mas também na rede interpessoal de que são exemplo as experiências do espaço social topológico de Lewin.

Não fui em vão aluna de D. Annita Marcondes Cabral, bebendo a teoria da *Gestalt* em suas aulas e, mais tarde, Bergson, autor com que ela iniciava sua pós-graduação.

Mas é preciso convir que essa orientação, embora me desse o suporte genérico das noções de *campo significativo* ou de *totalidade*, não esgotava as possibilidades de uma área como memória social.

O objeto a ser compreendido está constituído de substrato móvel e fluído, o *tempo*; não o tempo abstrato da Física Matemática, mas o tempo concreto e qualificado das lembranças. Precisava apreender em primeiro lugar uma *totalidade de sentido* em curso (e que não sofre, sem violência, a metáfora lewiniana do espaço) embora sempre me fosse inspiradora a hipótese gestáltica das configurações.

Recorri por isso à doutrina bergsoniana da memória que é, fundamentalmente, uma doutrina psicológica, pois parte da experiência individual do perceber e do lembrar.

Bergson, que escreveu antes dos gestaltistas (Wertheimer só aparecerá em 1912), fez uma crítica do atomismo psicofísico e falou em "círculos da memória" e em "fluxo da consciência", certamente influenciado por William James.

Sua distinção entre memória pura e memória-hábito é preciosa porque abre caminho para enfrentar o problema-chave da socialização da memória, ainda que seu interesse estivesse mais na energia espiritual autônoma, como vitalista que era.

O real – bloco contínuo de diferenciações temporais – tem de ser visto através das modificações de uma consciência vivendo os diversos ritmos da duração.

Se o tempo é a essência do psíquico, a ciência o espacializa e reduz o movente ao imóvel. O fato da consciência é movente.

A estrutura do comportamento é uma relação entre a consciência e o mundo, jamais cortada por pontos finais. Sendo um traço de união entre o que foi e o que será, é antes de tudo memória.

A duração (*durée*) é o tempo vivido, o tempo do espírito anterior às divisões da percepção.

A divisibilidade é uma operação da percepção utilitária sobre a matéria contínua. Nós só intuímos a duração quando pomos de lado o prático-utilitário.

Para Bergson, mais vale intuí-la; quem define já corre o perigo de espacializar o que é, por sua natureza, tempo. Nem é necessário defini-la: quando compreendemos já estamos dentro do objeto a conhecer.

O papel da consciência é ligar com o fio da memória as apreensões instantâneas do real. A memória contrai numa intuição única passado-presente em momentos da duração.

No processo de socialização tem lugar a *memória-hábito*, repetição do mesmo esforço, adestramento cultural.

No outro polo, a *lembrança pura* traz à tona da consciência um momento único, singular, irreversível, da vida.

Dessa breve evocação bergsoniana fique-nos a ideia da Memória como atividade do espírito, não repositório de lembranças. Ela é, segundo o filósofo, "a conservação do espírito pelo espírito".

* * *

No entanto, seria preciso encontrar uma orientação teórica que ancorasse o fluxo infinito da memória em certos quadros de referência sociais e historicamente determinados que são também *campos de significação não estáticos*.

Aqui vali-me da Psicologia Social clássica e da linha durkheimiana francesa através da "memória coletiva" estudada por Maurice Halbwachs. Dediquei minha tese a esse professor de Psicologia Social, que morreu em 1945 no campo de Buchenwald.

A memória é, sim, um trabalho sobre o tempo, mas sobre o tempo vivido, conotado pela cultura e pelo indivíduo.

O tempo não flui uniformemente, o homem tornou o tempo humano em cada sociedade. Cada classe o vive diferentemente, assim como cada pessoa.

Existe a noite serena da criança, a noite profunda e breve do trabalhador, a noite infinita do doente, a noite pontilhada do perseguido.

É verdade, porém, que nossos ritmos temporais foram subjugados pela sociedade industrial, que dobrou o tempo a seu ritmo, "racionalizando" as horas de vida. É o tempo da mercadoria na consciência humana, esmagando o tempo da amizade, o familiar, o religioso... A memória os reconquista na medida em que é um trabalho sobre o tempo, abarcando também esses tempos marginais e perdidos na vertigem mercantil.

Tal como o tempo social acaba engolindo o individual, a percepção coletiva abrange a pessoal, dela tira sua substância singular e a estereotipa num caminho sem volta. Só os artistas podem remontar a trajetória e recompor o contorno borrado das imagens, devolvendo-nos sua nitidez.

Mas a rigor, a apreensão plena do tempo passado é impossível, como o é a apreensão de toda a alteridade.

A passagem pela sociologia da memória é esclarecedora na hora de entender o porquê de alguns recordadores fixarem melhor suas experiências de infância do que da vida adulta.

A comunidade familiar ou grupal exerce uma função de apoio como *testemunha e intérprete* daquelas experiências. O conjunto das lembranças é também uma construção social do grupo em que a pessoa vive e onde coexistem elementos da escolha e rejeição em relação ao que será lembrado.

É claro que essa descoberta pode ser retomada em termos de "formações ideológicas" que reagrupam e interpretam num sentido ou em outro as lembranças individuais.

No caso da recordação de acontecimentos políticos que escutei (revoluções, crises, figuras notáveis...) essa fusão ou aglutinação de lembranças factuais e valores ideológicos está muito presente. Estudei longamente como a lembrança se corporifica levando em conta a localização de classes e a profissão do sujeito. Nesse contexto, a marginalidade política a que se relegam os estratos pobres da população é causadora do espantoso vazio memorativo do brasileiro.

Notável também é a gama de matizes da lembrança vinculada ao trabalho, próxima ou distante da produção material que opera no interior da matéria recordada.

* * *

Todas essas considerações respondem à questão do método, entendida em senso lato como orientação teórica.

Resumindo:

- há um pressuposto tácito de que existem *campos de significação* na vida subjetiva e na vida intersubjetiva; hipótese que devo à teoria da *Gestalt*;

- há um embasamento bergsoniano que encarece a dimensão temporal inerente à memória (e por que não buscar a fonte hegeliana para a qual o passado concentrado no presente é que cria a natureza humana?);
- há o momento propriamente psicossocial, lastreado na pesquisa e inspirado em Halbwachs e outros autores, que acentua as relações com a família, o grupo cultural, a classe, a comunidade – momento que se dá abertamente na hora da interpretação;
- há enfim o suporte da teoria da ideologia, que busquei em Benjamin e Adorno, pensadores dialéticos que, como se sabe, são extremamente sensíveis à complexidade dos fenômenos psicológicos;

No tocante às técnicas de pesquisa, estas devem ser adequadas ao objeto: é a lei de ouro. Não conheço outra.

O objeto visado era *memória como totalização*? Vamos dar ao sujeito a possibilidade de lembrar como evocação sistemática.

Daí decorre um dilema de metodologia enquanto técnica: questionário fechado ou explorações abertas? A segunda técnica provoca um estilo de resposta mais adequado à autobiografia, que é o estilo narrativo.

Em termos acadêmicos de técnica de pesquisa, na verdade se combinam bem os procedimentos de *história de vida e perguntas exploratórias*, desde que deixem ao recordador a liberdade de encadear e compor, à sua vontade, os momentos do seu passado.

Aqui se revela a mestria do pesquisador: uma pergunta traz em seu bojo a gênese da interpretação final; é uma verdade que não se pode negar. E no entanto a liberdade do depoimento deve ser respeitada a qualquer preço. É um problema sério de ética da pesquisa.

Se a memória é não passividade, mas *forma organizadora*, é importante respeitar os caminhos que os recordadores vão abrindo na sua evocação porque são o mapa afetivo da sua experiência e da experiência do seu grupo – no caso, até mesmo da sua cidade, a São Paulo dos primeiros decênios do século XX – que é justamente o quadro espaçotemporal comum daqueles que entrevistei.

Quanto mais o pesquisador entra em contato com o contexto histórico preciso onde viveram seus depoentes, cotejando e cruzando informações e lembranças de várias pessoas, mais vai-se configurando a seus olhos a imagem do campo de significações já pré-formada nos depoimentos.

Para os depoimentos que são autobiografias vale considerar que estas são, além de testemunho histórico, a evolução da *pessoa* no tempo.

Segundo Angyal nos seus *Fundamentos para uma Ciência da Personalidade*, um estudo em corte transversal da personalidade deixa muitos vazios. Somente através de estudo biográfico perceberíamos a pessoa historicamente. Pode-se então tentar reconstruir uma sucessão de constelações compreensíveis que conduzem ao estado e situação atual da pessoa.

A própria pessoa vê sua vida – ou procura vê-la – como uma configuração, com um sentido.

Eis aí conciliadas uma teoria do tempo e a *Gestalt*.

Finalmente, confirmando por outras vertentes essa tese, um historiador de ideologias como Lucien Goldmann insistiu muito na pertinência de "totalidades histórico-culturais" significativas, escorando-se também em categorias de classe ou de estrato social.

Num trabalho sobre a história de São Paulo construído através da memória de seus velhos, a noção de "momentos histórico-culturais" com sua dinâmica ideológica (e contraideológica peculiar) poderia sempre ser um fio condutor na hora da interpretação. Mas isso está apenas no horizonte final da tese.

O miolo é psicossocial, imanente ao texto dos recordadores.

3
Sugestões para um Jovem Pesquisador

O estudioso da memória geralmente entrevista idosos dos quais se espera o rico testemunho de outras épocas.

O entrevistador precisa receber uma formação especial e compreender o depoimento como um *trabalho* do idoso. Poucos pesquisadores me parecem ter formação para tanto.

A experiência de muitos anos de orientação me permite chamar a atenção sobre alguns pontos: são o dia a dia das oficinas escuras da investigação, esses fundos de quintal onde se trabalha duro, mas onde ninguém vai depois que a casa está arrumada.

- Antes do encontro com o depoente, convém recolher o máximo de informações sobre o assunto em pauta para formular questões que o estimulem a responder. Uma consulta às publicações: jornais, revistas, músicas, livros, imagens, anedotas, enfim tudo o que terá feito o narrador vibrar na época que desejamos estudar.
- Se o local do encontro for a casa do depoente, estaremos mergulhados na sua atmosfera familiar e beneficiados pela sua hospitalidade.

Já tivemos a experiência de entrar na casa de um profissional qualquer e notar a mudança de atitude em relação à do escritório ou oficina. Ali se discutiam preços e serviços. Aqui se oferecem café e cordialidade.

Porém, na casa haverá interferência de familiares, o que pode enriquecer a entrevista, mas pode também prejudicá-la inibindo o narrador.

É de muito bom alvitre sair com ele, caminhar ao seu lado nos lugares em que os episódios lembrados ocorreram (ruas, fábricas, bairros cuja transformação assistiu...)

Uma senhora que entrevistei levou-me a conhecer sua velha amiga, e a conversa entre as duas me foi proveitosa e agradável.

- A pré-entrevista, que a metodologia chama "estudo exploratório", é essencial, não só porque ela nos ensina a fazer e a refazer o futuro roteiro da entrevista. Desse encontro prévio é que se podem extrair questões na linguagem usual do depoente, detectando temas promissores. A pré-entrevista abre caminhos insuspeitados para a investigação.
- A entrevista ideal é aquela que permite a formação de laços de amizade; tenhamos sempre na lembrança que a relação não deveria ser efêmera.

Ela envolve responsabilidade pelo outro e deve durar quanto dura uma amizade[1].

Da qualidade do vínculo vai depender a qualidade da entrevista.

---

1. Oscar Lewis revelou sobre a família Sanchez: "Foi essencialmente um sentimento de amizade que os levou a me contarem sua vida". Amizade, diz Guimarães Rosa, é conversar desarmado. O entrevistador irá para a entrevista desarmado de signos de classe, de *status*, de instrução.

Se não fosse assim, a entrevista teria algo semelhante ao fenômeno da mais-valia, uma apropriação indébita do tempo e do fôlego do outro.

Narrador e ouvinte irão participar de uma aventura comum e provarão, no final, um sentimento de gratidão pelo que ocorreu: o ouvinte, pelo que aprendeu; o narrador, pelo justo orgulho de ter um passado tão digno de rememorar quanto o das pessoas ditas importantes[2].

Ambos sairão transformados pela convivência, dotada de uma qualidade única de atenção. Ambos sofrem o peso de estereótipos, de uma consciência possível de classe, e precisam saber lidar com esses fatores no curso da entrevista.

Às vezes falta ao pesquisador maturidade afetiva ou mesmo formação histórica para compreender a *maneira de ser* do depoente. Somos, em geral, prisioneiros de nossas representações, mas somos também desafiados a transpor esse limite acompanhando o ritmo da pesquisa.

- Teremos que transpor, às vezes, enorme distância temporal entre o fato narrado e o acontecido, experiência sempre difícil devido às transformações ocorridas, sobretudo nas mentalidades.

  O passado, a rigor, é uma alteridade absoluta, que só se torna cognoscível mediante a voz do narrador.

- Para empreendermos tal aventura, útil é nos munirmos como os etnólogos de um diário de campo, onde iremos registrando dúvidas e dificuldades. Nossas falhas, longe de serem um entrave, irão, se compreendidas, aplainar o caminho dos estudiosos que nos agradecerão por tê-las apontado.

---

2. Aqui, convém repetir a frase de Alain, mestre de Simone Weil: "As pessoas importantes não têm importância".

- Confessar, em diálogo aberto, nossas dificuldades ao depoente, durante cada etapa do trabalho, fará com que ele acompanhe melhor o rumo da pesquisa e muitas vezes ajude a descobrir pistas facilitadoras.
- Sobre a distância temporal que nos separa do fato lembrado, teríamos ainda a considerar que o sujeito realiza uma ordenação pessoal. Essa ordenação obedece a uma lógica afetiva cujos motivos ignoramos; enfim, recontar é sempre um ato de criação.

Não nos depararemos com uma sucessão coerente de formas, mas com os tropeços da vida corrente. Nossa existência se inscreve no que Lukács chamou "ética dos instantes", já que a vida é composta de momentos, a maioria dos quais vai se perder no puro nada. Alguns serão remidos pela memória, mas necessário é que esses pontos minúsculos *se configurem* no depoimento, em fisionomia social e humana para que se salvem da voragem do esquecimento.

Redimir o insignificante, o quase invisível, os instantes obscuros da História dessa "anarquia do claro-escuro"[3] é nossa tarefa.

- Um *vol d'oiseau* sobre a evocação biográfica nos fará ver, como numa tapeçaria, um mosaico de áreas mais ou menos densas, mais ou menos ligadas, algumas abandonadas, outras cultivadas amorosamente. E pontos privilegiados, como torres ou marcos, focos de atração na paisagem.

O pesquisador muitas vezes encontrará, nessa divisão subjetiva do tecido da lembrança, constantes universais: são os

---

3. G. Luckács, *L'âme et les formes*, Paris, Gallimard, 1974.

marcos em que os signos sociais se concentram apoiando a memória individual[4].

- Existem fronteiras, limites que terão que ser transpostos de uma área para outra com as tensões e conflitos que acompanham a passagem: do lar para a escola, da vida juvenil para o casamento e a profissão... da vida em família para a solidão...

Veremos que a mobilidade espacial tem relação com a afetiva, e que há defasagens entre a ordenação interna do relato e a sequência de acontecimentos. E há passagens borradas de difícil restauração.

Mas, em geral, uma *intenção* configura a narrativa, orienta seu fluir dinâmico. Ela pode ser vista como um todo antes de ser segmentada pelo analista. Porque o sujeito aspira constantemente à totalidade, à plenitude de sua pessoa e sua história, mas a sociedade absorve do indivíduo somente aquele tanto que pode ser integrado no funcionamento social[5].

- Simmel delineou o que chama de *cultura subjetiva*, que se situa na sombra quase inalcançada pelo historiador; reino dos sonhos, afetos, imagens, impressões, intuições... Não são as formas que ficaram, objetivas e transmitidas pelo aprendizado, comuns a uma época, aquelas de que o indivíduo precisa para se comunicar.

Mas, se quisermos nos aproximar da esfera que resiste ao formato social, registremos atentos as hesitações e silêncios do

---

4. M. Halbwachs, *La mémorie collective*, Paris, PUF, 1956.
5. G. Simmel, *On Individuality and Social Forms*, The University of Chicago Press, 1908.

narrador. Os lapsos e incertezas das testemunhas são o selo da autenticidade. Narrativas seguras e unilineares correm sempre o perigo de deslizar para o estereótipo. Existem evoluções obscuras nas representações coletivas, mal conhecidas pelos contemporâneos porque elas se situam aquém de uma consciência formalizada[6].

Não há, afirma com razão Vovelle, métodos fáceis para reconstituir uma cultura popular: ela é uma história tecida de silêncios, uma vez que pertenceu sempre às classes dominadas.

George Sand, como socialista que era, recolheu em 1846 contos e lembranças de infância de trabalhadores que ela encorajou a dizer suas memórias. Em pleno positivismo escreve: "aqueles que têm alucinações são tipos humanos muito reais e as maravilhas do sonho são sempre atos humanos cuja supressão na história anularia o sentido mesmo da história".

Nos idosos, as hesitações, as rupturas do discurso não são vazios, podem ser *trabalhos da memória*. Há situações difíceis de serem contadas já que pareceram absurdas às próprias vítimas delas.

O eclipse da palavra advém da destruição:
– do espaço biográfico das vítimas,
– da própria pessoa,
– da sua memória.

Disse o soldado nazista ao prisioneiro de Auschwitz: "– Nenhum de vocês restará para testemunhar, e mesmo que alguém escape, o mundo não acreditará nele".

Insisto na formação do pesquisador que vai entrevistar o idoso. Quando a narrativa é hesitante, cheia de silêncios, ele

---

6. M. Vovelle, *Idéologies et mentalités*, Paris, La Découverte, 1985.

não deve ter pressa de fazer interpretação ideológica do que escutou, ou de preencher as pausas[7].

Proust comparava a memória intelectual e elaborada aos quadros dos maus pintores: ela pinta o passado com cores sem verdade.

A fala emotiva e fragmentada é portadora de significações que nos aproximam da verdade. Aprendemos a amar esse discurso tateante, suas pausas, suas franjas com fios perdidos quase irreparáveis[8].

Ao silêncio do velho seria bom que correspondesse o silêncio do pesquisador. Aprendizagem difícil porque vivemos num moinho de palavras e citações que se apoiam comodamente no discurso ideológico.

O silêncio na pesquisa não é uma técnica, é como que o sacrifício do *eu* na entrevista que pode trazer como recompensa uma iluminação para as ciências humanas como um todo.

* * *

- Lidando continuamente com o esquecimento e a perda, precisamos ter consciência de nossos limites.

Qual versão de um fato é a verdadeira? Nós estávamos e sempre estaremos ausentes dele. Não temos, pois, o direito de refutar um fato contado pelo memorialista, como se ele estivesse no banco dos réus para dizer a verdade, somente a verdade. Ele, como todos nós, conta a *sua* verdade.

---

7. Talvez seja vocação das ciências humanas esse não ter pressa, uma vez que elas procuram deter o ritmo das operações das técnicas, interrogando sobre meios e fins.
8. Pesquisadores de campo, somos hamletianos, desconfiamos do discurso desenvolto, sem lastro. Estamos sempre à procura do que está ainda inexpresso e do que hesita em ser capturado pela interpretação.

Ser inexato não invalida o testemunho, diferentemente da mentira, muitas vezes exata e detalhista.

Vivemos numa sociedade a quem foi roubado o domínio do tempo, marcada pela descontinuidade[9].

A narrativa é sempre uma escavação original do indivíduo, em tensão constante contra o tempo organizado pelo sistema. Esse tempo original e interior é a maior riqueza de que dispomos.

- O depoimento deve ser devolvido ao seu autor. Se o intelectual quando escreve, apaga, modifica, volta atrás, o memorialista tem o mesmo direito de ouvir e mudar o que narrou. Mesmo a mais simples das pessoas tem esse direito, sem o qual a narrativa parece roubada.

E mais ainda: as fitas gravadas deveriam ser escutadas pelo grupo da mesma região, ou testemunhas do mesmo evento.

Essa escuta grupal é uma experiência prazerosa e iluminadora para o velho que pode confrontar suas lembranças com as dos companheiros. Ele vai querer, a partir daí, discutir os pontos comuns, transcender as lembranças pontuais pela totalidade de que ele é uma figura singular.

As causas históricas aparecem para a consciência e começa então uma leitura crítica dos documentos.

Mas a leitura crítica tem que ser determinada por um projeto. O passado reconstruído não é refúgio, mas uma fonte, um manancial de razões para lutar.

A memória deixa de ter um caráter de *restauração* e passa a ser memória *geradora* do futuro. É bom lembrar com Merleau-

---

9. A descontinuidade marca, segundo Melucci, nosso desenvolvimento fatigante (*sviluppo faticoso*). A. Melucci, *Passagio d'epoca*, Milão, Feltrinelli, 1994.

-Ponty que o tempo da lembrança não é o passado mas o futuro do passado[10].

A nostalgia revela sua outra face: a crítica da sociedade atual e o desejo de que o presente e o futuro nos devolvam alguma coisa preciosa que foi perdida.

O limite para o qual tende a memória narrativa é a transição da nostalgia para um "horizonte de espera", na feliz expressão de Paul Ricoeur.

Os historiadores são como surdos, dizia Tolstoi, respondem perguntas que ninguém lhes fez.

Vamos tentar responder a perguntas que nos fazem aqui e agora.

---

10. M. Merleau-Ponty, *Phénomenologie de la perception*, Paris, Gallimard, 1945.

4
Memória da Cidade: Lembranças Paulistanas

Faz alguns anos recolhi a memória do tempo, do espaço, a memória política, a memória do trabalho de velhos moradores de São Paulo.

Conversei longo tempo com eles e, enquanto ouvia suas narrativas, ia aprendendo alguma coisa sobre a situação da velhice na sociedade industrial – tema dos mais dignos de ser estudado por militantes políticos e culturais.

A memória dos velhos desdobra e alarga de tal maneira os horizontes da cultura que faz crescer junto com ela o pesquisador e a sociedade onde se insere.

Vou relatar brevemente alguns dados conseguidos na pesquisa. Se alguém colhe um grande ramalhete de narrativas orais, tem pouca coisa nas mãos. Uma história de vida não é feita para ser arquivada ou guardada numa gaveta como coisa, mas existe para transformar a cidade onde ela floresceu.

A pedra de toque é a leitura crítica, a interpretação fiel, a busca do significado que transcende aquela biografia: é o nosso trabalho, e muito belo seria dizer, a nossa luta.

A Memória como Intermediário Cultural

O que me contaram os velhos sobre sua cidade?

Cada geração tem, de sua cidade, a memória de acontecimentos que são pontos de amarração de sua história. O caudal de lembranças, correndo sobre o mesmo leito, guarda episódios notáveis que já ouvimos tantas vezes de nossos avós. A passagem do cometa de Halley com sua cauda luminosa varrendo o céu paulistano, os mata-mosquitos de Oswaldo Cruz nos bairros varzeanos, a gripe espanhola, as peripécias de Meneghetti, ladrão simpático que roubava dos ricos para dar aos pobres... O voo do Zepellin sobre o Viaduto... O Dia da Vitória, o IV Centenário de São Paulo, as festas de São Vito e Nossa Senhora da Aqueropita, os corsos do carnaval na Avenida Paulista, os bailes do 1º de Maio no Parque Antártica...

Mas a memória rema contra a maré; o meio urbano afasta as pessoas que já não se visitam, faltam os companheiros que sustentavam as lembranças e já se dispersaram. Daí a importância da coletividade no suporte da memória. Quando as vozes das *testemunhas* se dispersam, se apagam, nós ficamos sem guia para percorrer os caminhos da nossa história mais recente: quem nos conduzirá em suas bifurcações e atalhos? Fica-nos a história oficial: em vez da envolvente trama tecida à nossa frente só nos resta virar a página de um livro, unívoco *testemunho* do passado[1].

A lembrança paulistana elegeu momentos que nos tocaram de perto, escolho alguns que mereceram repetidas evocações: o anarquismo do início do século, a revolução de Isidoro, a Coluna Prestes, 1932, as duas grandes guerras, Getúlio Vargas e o

---

1. A dificuldade de locomoção no meio urbano afeta particularmente os idosos causando a dispersão das testemunhas, grave perda para a memória coletiva.

trabalhismo, Ademar x Jânio, os famosos entreveros de comunistas e integralistas. Estava-se construindo a Catedral e suas pedras eram usadas nessas brigas de rua (parece que um dos esportes mais apreciados pelos paulistanos do centro eram essas trocas de pedras).

Entrevistei uma professora comunista que subia nos andaimes para apedrejar. E um integralista que era um de seus alvos, entre a rua Direita e a Praça da Sé. São pontos de vista diversos, oposições constituintes da História...

As testemunhas do fato histórico são de uma riqueza insubstituível; ouçamos aquelas da repressão dos anos 1960.

Um jovem, que nesse tempo era uma criança, lembra momentos de confusão e de apertura na sua casa para esconder um militante procurado pela polícia. Ele se lembra de móveis arrastados, camas improvisadas, cochichos noturnos e, através de tais fatos domésticos, está nos revelando que centenas de famílias esconderam revolucionários, simpatizando ou não com suas ideias.

As lembranças se apoiam nas pedras da cidade. Se o espaço, para Merleau-Ponty, é capaz de exprimir a condição do ser no mundo, a memória escolhe lugares privilegiados de onde retira sua seiva.

Em primeiro lugar, a casa materna; tal como aparece nas biografias é o centro geométrico do mundo e a cidade cresce a partir dela em todas as direções. Dela partem as ruas, as calçadas onde se desenrolou nossa vida, o bairro. Sons que voltam, sons que não voltam mais, pregões, cantilenas que recolhi e procurei gravar em pauta musical.

A vida de uma rua densamente provoada é inesgotavelmente rica, se registrarmos os seus sons e movimentos.

Podemos gravar a trilha sonora de uma rua durante 24 horas. Desde a primeira janela que se abre de manhã, a vassoura na calçada, as portas das lojas que se erguem, os passos de quem vai para o trabalho, conversas, cantigas...

Sob essa diversidade há uma ordem e um ritmo cuja sequência é portadora de um sentimento de identificação.

A sequência de movimentos na calçada segue ritmos que se aceleram e se abrandam em horas certas e vão se extinguindo devagar quando as janelas se iluminam e as ruas se esvaziam. Depois, as janelas vão-se apagando e fechando, menos alguma que resiste ainda, da qual escapa um som que finalmente silencia.

Por que definir a cidade somente em termos visuais? Ela possui um mapa sonoro compartilhado e vital para seus habitantes que, descodificando sons familiares, alcançam equilíbrio e segurança.

* * *

São pontos de atração da velha São Paulo: a Penha (onde os pais levavam as crianças batizadas, onde os noivos peregrinavam após o casamento), o Viaduto do Chá, a Catedral, o Museu do Ipiranga, o Jardim da Luz, a Cantareira e, naturalmente, o Teatro Municipal, para a *buona gente* tão apaixonada pela ópera. Um dos velhos que entrevistei dizia: "Desci então os oitenta e quatro degraus do Teatro Municipal", número que ele ainda sabia de cor, na familiaridade revivida.

E a chácara do Marengo, o Anhangabaú – vale do povo, o prédio Martinelli com suas lendas e fantasmas.

Sem falar nas várzeas tão importantes na história paulistana... a da Barra Funda, do Limão, da Casa Verde, do Glicério: eram mais de mil campos de futebol. Só depois que as várzeas foram sendo ocupadas pela indústria é que começamos a assistir ao futebol de estádio.

A memória oral é fecunda quando exerce a função de intermediário cultural entre gerações.

Vejamos um exemplo. Onde está registrado num documento "João de Souza, natural de São Roque, carpinteiro", pode-se obter ouvindo qualquer passante na sua região:

> João, neto de Pedro, o melhor carpinteiro daqui, que fez as traves da Matriz *que ainda estão lá*, filho do Neco que herdou a oficina do pai. Neco formou a primeira Banda de São Roque, casou-se com Josefa que cantava na igreja, filha do seo Dorico que trouxe a uva para cá. Pedro era casado com Luiza, mineira, cujo irmão e o seo Dorico foram vinhateiros.

O relato oral enlaçou a floresta que cobria a região com a madeira da igreja, a música com o plantio da uva e o vinho. Vinho que foi tomado naquelas celebrações e festas de alianças.

Caminhos Familiares

Escutando muitos depoimentos, nós percebemos que os bairros têm não só uma fisionomia como uma biografia. O bairro tem sua infância, juventude, velhice. Esta, como a das árvores, é a quadra mais bela, uma vez que sua memória se constituiu. Nas histórias de vida podemos acompanhar as transformações do espaço urbano; a relva que cresce livre, a ponte lançada sobre o córrego, a divisão dos terrenos, a primeira venda, o primeiro bazar. As casas crescem do chão e vão mudando: canteiros, cercas, muros, escadas, cores novas, a terra vermelha e depois o verde umbroso. Arbustos e depois árvores, calçadas, esquinas... uma casa pintada de azul que irradia a luz da manhã, os terrenos baldios, as ruas sem saída que terminam em praças ermas inacabadas por dezenas de anos.

A fisionomia amadurece, as arestas se arredondam, as retas se abrandam e o bairro acompanha o ritmo da respiração e da vida dos seus moradores. Suas histórias se misturam e nós começamos a enxergar nas ruas o que nunca víramos, mas nos contaram.

Quando a fisionomia do bairro se humaniza pode continuar se transformando e vivendo ou pode ser golpeada de morte.

As histórias de vida muitas vezes decorrem em sobrados de pequena classe média que não merecem tombamento porque lá não morou nenhum barão, mas foram adquiridos com prestações custosas, privações sem fim, que resultaram nessas casas adoráveis que conhecemos: a máquina de costura a um canto da sala, a TV redimida por uma toalha de crochê, os gerânios... Salas onde a gente ficaria um século escutando, onde as meias paredes filtram conversas, exercícios de piano, a água correndo, a canção dominical (se faz sol).

E os caminhos familiares, percorridos por Dona Ema, Dona Ana, Dona Lola, da porta para o portão, do portão para a quitanda, para a feira, para a igreja.

Caminhos tão estudados pelos biólogos, porque não são privilégio humano, mas de todo ser vivo... Existem correspondências corticais entre o espaço percorrido habitualmente e o Sistema Nervoso Central, que conferem significados aos marcos de orientação do espaço[2].

Mas a percepção biológica do espaço e do tempo seria objeto de um curso inteiro, não desta breve exposição.

O bairro é uma totalidade estruturada, comum a todos, que

---

2. J. Von Uexküll, *Mondes animaux et monde humain*, Paris, Gonthier, 1956.

se vai percebendo pouco a pouco, e que nos traz um sentido de identidade.

É um *lugar nosso*, e um lugar nosso deve ter, como ensina a Psicologia da *Gestalt*, fechamento e proximidade de elementos, deve ser mais denso que seu entorno e permitir a dialética da partida e do retorno.

Permitir também peregrinações que são percursos sagrados a lugares mais densos de significação na cidade e, às vezes, o sentimento de estar perdido num mundo vazio, monótono, violento. E o reencontro do caminho familiar, se ele ainda existe.

A cidade, como a história de vida, é sempre a possibilidade desses trajetos que são nossos percursos, destino, trajetória da alma.

Talvez evocando a perdida fisionomia de um bairro, Baudelaire se lamentava: "A forma de uma cidade muda mais depressa, ai de nós, que o coração de um mortal".

Quando a fisionomia do bairro adquire, graças ao trabalho ingente dos moradores, um contorno humano, ele se valoriza.

Vêm as imobiliárias e compram uma casa, depois outra, o quarteirão. Os vizinhos se reúnem, querem resistir: os edifícios altos esmagam sua moradia, roubam-lhes o sol, a luz, o horizonte...

As quadras são arrasadas, os velhos acuados. Para onde vão?

Para D. Ana a ruptura é sem retorno: como viver longe dos vizinhos, que viu nascer, longe do Bazar 13 e do Mercado, longe da sepultura do filho no cemitério São Paulo onde ela vai diariamente a pé?

Pouco tempo irá sobreviver às mudanças, suas raízes se partiram. Mudança e morte se equivalem para o idoso.

Será possível que uma empresa imobiliária possa reger destinos, dispersar e desenraizar centenas de pessoas?

O paulistano tornou-se um migrante urbano, empurrado pela especulação imobiliária de um lugar para outro. De 140 pessoas que entrevistei sobre seus deslocamentos urbanos, apenas três permaneciam na casa de sua infância[3].

Os urbanistas devem escutar os moradores, estar abertos à sua memória, que é a memória de cada rua e de cada bairro.

Recuperar a dimensão humana do espaço é um problema político dos mais urgentes. A sobrevida de um grupo se liga estreitamente à morfologia da cidade; esta ligação se desarticula quando a especulação urbana causa um grau intolerável de desenraizamento.

Há nos habitantes do bairro o sentimento de pertencer a uma tradição, a uma maneira de ser que anima a vida das ruas e das praças, dos mercados e das esquinas. A paisagem do bairro tem uma história conquistada numa longa adaptação.

---

3. Está sendo discutido o Plano Diretor de São Paulo.
   Li com atenção a Lei Orgânica do Município onde encontrei vários artigos sobre representação popular: a lei fala em conselhos de representantes, plebiscitos, audiências públicas para discutir os RIMAS (Relatórios de Impacto sobre o Meio Ambiente). A lei fala em "impacto de vizinhança", cujo relatório é fornecido gratuitamente aos moradores que o solicitem.
   Mas a meu ver, nada fica bem definido nesses artigos; a lei parece aberta, como se estivesse à espera de uma resposta da sociedade civil.
   Terão os vizinhos, através dos conselhos de bairro, direito de veto sobre uma indústria poluidora, barulhenta, sobre a verticalização de um bairro? Direito de veto efetivo? E se o Plano Diretor apontar para algum processo de desfiguração e desenraizamento?
   Como será possível, numa prefeitura democrática, atuar junto ao Plano Diretor?
   Proponho que se estudem a Lei Orgânica do Município e o Plano Diretor nas

Faz parte da dialética do espírito moderno essa tensão diária entre a transformação e a resistência. Mas ser moderno para Berman[4] é não perder os vínculos com o passado para não sermos eliminados num sorvedouro.

Nossos recordadores concordariam com Jane Jacobs: "Sob a aparente desordem da velha cidade encontra-se uma ordem maravilhosa que mantém a segurança das ruas e a liberdade. É uma ordem complexa"[5].

A *Ilíada* inteira, para Simone Weil, foi escrita à sombra maior que possa existir para os homens, a desorganização de uma cidade. Fugindo dos gregos, Heitor divisa nas portas de Troia a fonte com as bacias de pedra, onde as jovens lavavam suas roupas nos dias de paz, e lamenta com amargura a perda desses bens, portadora do caos.

Todos os povos procuram através da cultura exorcizar o fim do mundo, que é o desastre de todo o projeto, a dispersão, a agonia da cidade, a ruptura da vida cotidiana que nos é tão cara.

O silêncio, no meio da narrativa, expressa muitas vezes o fim de um mundo.

Por todos esses motivos é que nós desejamos participar com os velhos memorialistas de uma esperança comum.

---

    escolas, bibliotecas, nas Casas de Cultura, nos centros políticos e religiosos dos bairros.
4. M. Berman, *Tudo o que é Sólido Desmancha no Ar*, Companhia das Letras, São Paulo, 1987.
    Um bairro pode ser destruído por uma via expressa: as ruas de moradia, a própria cidade podem ser consideradas um empecilho ao fluxo do trânsito. E a cidade sofre uma intervenção cirúrgica; é retalhada com gritos de dor.
5. J. Jacobs, *Morte e Vida das Grandes Cidades*, São Paulo, Martins Fontes, 2000.

II

PRECONCEITO, CONFORMISMO, REBELDIA

Bedrich Fritta-Theresienstadt © Memorial de Terezin

1
O Campo de Terezin

Quando assistimos ao filme *O Führer Oferece uma Cidade aos Judeus*, o sentimento que nos colhe é de surpresa diante da singularidade do que foi o campo de Theresienstadt.

A mesma surpresa devem ter sentido os membros da Cruz Vermelha Internacional na visita de inspeção às condições dos prisioneiros em 23 de junho de 1944. Encontraram uma cidade administrada por judeus onde corriam notas de dinheiro impressas com a efígie de Moisés e as Tábuas da Lei.

Naquele dia, os membros da Cruz Vermelha ouviram um magnífico *Requiem* de Verdi cantado pelo coral de Theresienstadt. Os teatros representavam duas peças de Shakespeare. Nos programas de ópera, a *Carmen*, a *Tosca*, a *Flauta Mágica* e uma ópera para crianças composta por um autor do gueto.

A cidade abrigava velhos do Reich, cientistas reconhecidos, artistas famosos. Judeus mutilados durante a guerra de 14 e condecorados pelo exército alemão. Enfim, personalidades cujo desaparecimento inquietaria o mundo civilizado.

As diversas orquestras, os conjuntos de *jazz* e de música de

A pequena fortaleza – Arthur Goldschmidt   © George-Arthur Goldschmidt

câmara impressionaram bem os visitantes. Os esportes eram muito praticados, sobretudo o voleibol e o futebol. (Assisti no filme a uma partida de futebol acompanhada por vibrante torcida.)

A equipe de visitantes notou a aparência das pessoas bem vestidas, a vasta e agradável biblioteca, as instalações sanitárias, os quatrocentos médicos (diversos eram professores célebres). Concluiu observando a unidade e harmonia que parecia alcançada entre povos e línguas diferentes.

"Theresienstadt é uma sociedade comunista", verificam, dirigida por um comunista "de alto valor", o Dr. Paul Eppstein, à frente de um Conselho de Anciãos (*Ältestenrat*) da comunidade judaica; 150 policiais tchecos fazem a guarda permanente do gueto e doze oficiais nazistas (*Lager Kommandantur*) ficam sediados na Pequena Fortaleza.

O pessoal de ensino pareceu "extremamente qualificado" e o jardim da infância (criado especialmente para essa visita), adequado e moderno. A escola parece bem equipada, embora um cartaz assinalasse que as crianças "estavam em férias". O relatório da Cruz Vermelha observa que uma cozinha especializada prepara o alimento dos pequeninos.

Ao começar a visita, os membros da inspeção escutam do dirigente Eppstein, o comunista "de alto valor": – Vocês irão visitar uma cidade normal de província. (O Dr. Paul Eppstein será assassinado pelos nazistas em 1944 na Pequena Fortaleza.)

O filme documentário sobre o campo é obra de um internado, ator e cineasta de renome, Kurt Gerron (depois deportado para Birkenau). Hitler muito se serviu desse filme como propaganda de como eram felizes os judeus sob a tutela do Reich. E, contradizendo a corrente antissemita, curiosamente, os judeus aparecem criando obras excepcionais, dando de si uma imagem oposta à veiculada pelo Reich.

Escutamos, num trecho do filme, o *Concerto para Cordas* de Pavel Haas, compositor amado pela juventude da época ("Pavel Haas, meu compositor adorado", diz Milan Kundera). Quem rege a orquestra é Karel Ancerl, que sobreviveu e dirigiu mais tarde a Orquestra Filarmônica Tcheca.

* * *

Desde que Eichmann anunciara essa visita, a transformação do campo se acelera. Aparecem jardineiras e balanços de crianças. Um coreto para música. No itinerário a ser percorrido, as calçadas são lavadas e as casas pintadas. Cada um dos figurantes ganha roupa nova e é instruído sobre como deve se comportar e os riscos de desobediência.

No dia 23 de junho os visitantes tiram fotos, ganham um álbum de aquarelas pitorescas sobre essa "cidade normal de província".

Escutei o depoimento registrado do médico da Cruz Vermelha, Dr. Maurice Rossel, confessando para a humanidade o engano em que incorrera: não observara nenhum ríctus nos rostos, não encontrara no seu bolso sequer um bilhetinho enfiado as pressas, os internos nada fizeram que despertasse suspeita...

No entanto, Theresienstadt, cidade artificial criada para propaganda, foi aparelho de extermínio, fosse ela habitada por artistas ou sábios ou rabinos ou velhos soldados ou crianças.

* * *

O campo de Terezin (assim chamado pelos que nele viveram) não existiu para ser esquecido. O centro de História da Resistência e da Deportação de Lyon dedicou-lhe uma exposição temporária que visitei em abril de 1999. Entre o grande conjunto de obras e documentos cedidos pela Tchecoslováquia, pude ver roupas de suas crianças, pinturas, desenhos infantis, entre eles um Mickey desenhado numa lasca de madeira que fora ali deixado. Ninguém passaria incólume por esses vestígios.

Sendo professora de Psicologia Social, lera dezenas de depoimentos recolhidos por meus alunos, de avós que sobreviveram ao gueto de Varsóvia e a campos de concentração. Mas nada vira de semelhante à propaganda de Terezin, ao artifício que divergia em tal grau da realidade.

Partindo com essas imagens impressas no espírito, obtive, mais tarde, documentação dos organizadores daquela exposição do Centro de Lyon. Vou me ater somente à documentação que recebi (*Le masque de la barbarie – Le ghetto de Theresienstadt 1941-1945*) e às impressões pessoais sobre o filme – propaganda, entrevistas filmadas e, sobretudo, à exposição.

    Embora Terezin merecesse longos anos de estudo, visitas repetidas aos museus e arquivos tchecos, penso que será preciso testemunhar o que ele foi, sem demora. Não só do que entrevimos ao longe, mas daquela intimidade que pode se formar e se formou entre as paredes de papel de um simples depoimento. Intimidade precária, bem sei, mas intensa como se o papel guardasse ainda o calor do sopro de tantas bocas.

Retrato de Mme. Paracy – Arthur Goldschmidt
© George-Arthur Goldschmidt

A História de Terezin

Theresienstadt tem a forma geométrica de uma estrela de muitas pontas. Antiga cidadela fundada pelo Imperador da Áustria em 1780, é rodeada por altos bastiões; suas muralhas, o alinhamento de suas ruas e casernas, a praça central onde fica a igreja, toda essa disposição racional de fortaleza possibilitou sua transformação num gueto isolado, num "campo para casos especiais".

Judeus proeminentes (cientistas, heróis de guerra, artistas com fama internacional) são convidados a habitar uma cidade aprazível como alguma estação de águas, Marienbad por exemplo, sob a proteção do Führer. Terão ali bons alojamentos, alimentação, cuidados médicos, desde que assinem um contrato cedendo seus bens ao Reich (que assim ganhou em torno de quatrocentos milhões de marcos).

As velhas damas, mediante um acréscimo razoável, poderiam obter apartamentos com face para o sol.

E assim eles foram chegando a Theresienstadt, carregados de valises e preparados para um longo *séjour*. Devem passar de início por uma caserna isolada que serve de entrada ao gueto. As famílias exibem logo seus contratos que irão assegurar-lhes proteção e bem-estar.

Os SS se apoderam de sua bagagem, pilhando tudo o que possa ter algum valor. Homens respeitáveis, mulheres finamente vestidas, crianças delicadas são despojados do que possuíam e obrigados a dormir no solo. Após noites e dias de brutal aprendizado, saem da caserna amarrotados e sujos, olhos dilatados de espanto. Os membros da família são separados e começam a trabalhar para a indústria alemã.

Desde que houvera a ocupação que transformou a Boêmia-Morávia num Protetorado do Reich (*Reichsprotektorat*) as medidas antissemitas se tornaram opressivas, uma vez que Eichmann resolveu "purificar" racialmente o Protetorado.

Os líderes judeus haviam entregue aos nazistas (6 de novembro de 1941) um projeto de "guetos industriais" para oferecer às fábricas mão de obra mais barata. Isso, pouco depois da obrigação do porte de estrelas amarelas no vestuário. Não é difícil imaginar o móvel dos líderes judeus: a sobrevivência.

Após vários encontros entre Goebbels, Heydrich e Eichmann, Theresienstadt é escolhida como local para o campo de trânsito dos judeus do Protetorado e de moradia para os velhos, entre eles os judeus heróis de guerra pela Alemanha. O Reich teria assim um cartão de visita a exibir para o Ocidente.

Terezin era um município tcheco com 3 498 habitantes que foram evacuados por Heydrich para a implantação do gueto.

Desde 1941 começam a chegar comboios repletos. Para se ter uma ideia dessa implantação nos defrontamos com cifras assustadoras: com o tempo são encerradas no campo 139654 pessoas. Dessas, 33430 vão morrer ali, 86934 são deportadas para o leste onde 83500 perecem.

Numa caserna que abrigara outrora vinte soldados são alojadas de cem a quatrocentas pessoas desde os porões até o sótão. Uma casa onde moravam oito pessoas tem que abrigar mais de cinquenta. Alguns *Prominenten* poderão morar em casas com suas famílias, mas a grande maioria é alojada nas casernas, onde os homens são separados das mulheres.

A disparidade não é só social ou cultural, porque existiu no gueto também uma pluralidade religiosa: fora os judeus agnósticos, pouco mais de dois mil internos são cristãos, sendo 1 130 católicos e 830 protestantes.

Com o tempo a superpopulação engendrou penúria e doenças em grau extremo. A ração cotidiana média é insuficiente, se bem que os trabalhadores braçais e as crianças recebam porções suplementares. Aos velhos são dadas quantidades menores e eles rondam as latas de lixo em busca de comida.

Na tela de Leo Haas vemos numerosos velhos cegos tentando caminhar com os braços estendidos numa coorte inerme e trágica. Sempre me pareceu que esses anciãos (que morrem às centenas de fome, desgosto e doenças) são os profetas do campo. Apalpando as trevas com seus membros descarnados, vão à frente perscrutando o futuro comum.

A espera – Arthur Goldschmidt © George-Arthur Goldschmidt

A Administração do Gueto

Eichmann mostrou-se satisfeito com a administração judaica que "vê as coisas de maneira realista e coopera até o presente de forma leal". "Caso as insuficiências apareçam, o descontentamento dos judeus se orienta em primeiro lugar contra a administração judia e não contra a supervisão alemã".

O relatório da Cruz Vermelha assinala o restrito número de oficiais nazistas sediados na Pequena Fortaleza, nomeados por Eichmann. (Nessa Pequena Fortaleza foram encerrados milhares de antinazistas tchecos e alemães, prisioneiros de guerra soviéticos e agentes ingleses; destes, a maioria foi eliminada.)

E a administração judaica? À testa esteve o Dr. Paul Eppstein, comunista, assistido por um Conselho de Anciãos (*Ältestenrat*) que se encarrega da Justiça, Policiamento, Economia, Abastecimento, Saúde, Trabalho, Lazer... Há responsáveis por quarteirões, por dormitórios. O contingente de funcionários é assombroso (dezessete mil) porque, a ele pertencendo, esperava-se escapar à deportação.

Ao Conselho Judaico incumbia a tarefa de fazer a lista dos que seriam deportados. O horror da deportação acompanha os prisioneiros noite e dia. Quem não tivesse alguma proteção (buscada com desespero) poderia estar na próxima lista dos comboios para o leste.

Quando a lista é publicada com a data, muitos se escondem mas são capturados. Outros se fazem inocular com tifo para escapar, mas não conseguem; o médico e a enfermeira que os ajudaram são executados na Pequena Fortaleza.

O limite extremo do medo vem da operação de escolha para as câmaras de gás (*Selektion*).

Agamben nos fala do vórtice anônimo que atrai obsessivamente toda a população do campo cujo pensamento gira em torno da pergunta: – Quem irá desta vez? "Por isso a preocupação mais assídua do deportado é esconder suas doenças e suas prostrações..." (*O Que Resta de Auschwitz*). Ele gostaria que sua debilidade agravada a cada dia se tornasse invisível.

Quando da visita da Cruz Vermelha a Theresienstadt, 7 503 pessoas cujo aspecto mísero "estragava a paisagem" foram retiradas do gueto.

Segundo Hannah Arendt, "o horrível processo de redução ocorria, regularmente, nesse paraíso" e Eichmann o considerava necessário – "porque nunca havia espaço suficiente para todos aqueles privilegiados".

Hannah Arendt analisa tão apaixonada quanto lucidamente os mecanismos internos do julgamento de Eichmann no livro *Um Relato sobre a Banalidade do Mal: Eichmann em Jerusalém*. E diz:

> Para um judeu, este papel do líder judaico na destruição de seu próprio povo é, indubitavelmente, o capítulo mais sombrio de toda uma história escura.
>
> Em Amsterdam, assim como em Varsóvia, em Berlim como em Budapest podia-se confiar nos funcionários judeus para fazerem a lista das pessoas e de suas propriedades, para apanharem o dinheiro dos deportados, para calcularem as despesas de sua deportação e extermínio, para seguirem a pista de apartamentos vagos, para ajudarem as forças policiais a agarrar os judeus e pô-los em trens [...]. Eles distribuíam os distintivos das estrelas amarelas e às vezes, como em Varsóvia, a venda das braçadeiras tornou-se um negócio regular. [E continua a autora]: [...] em Theresienstadt a autonomia judaica foi levada tão longe que até o carrasco era um judeu.

Citando depoimento de Eichmann, "tomava-se cuidado especial em não deportar judeus bem relacionados e com amizades importantes no mundo exterior".

O destino desses judeus eminentes ainda hoje é deplorado na Alemanha; muitos se lastimam por terem mandado Einstein embora, sem perceber, conclui Hannah Arendt, "que é um crime, ainda maior, matar o pequeno Hans Cohn ali da esquina, apesar de ele não ter sido um gênio".

Sempre com Arendt, o que o julgamento de Eichmann em Jerusalém poderia ter mostrado ao mundo seria uma visão da totalidade do colapso moral que o nazismo causou na respeitável sociedade europeia, tanto nos algozes como em suas vítimas.

Se é que podemos emitir algum juízo – e creio que não podemos – ele deve alcançar os princípios de uma sociedade criminosa que expandiu sua ideologia como o ar que o cidadão comum respirava. Uma pergunta cabível teria sido: – Como eu agiria se estivesse lá? Ou mesmo: – Como ajo agora quando a mentira social afirma sua existência?

A Infância no Campo

Milhares de crianças (aproximadamente onze mil) viveram em Theresienstadt; algumas chegaram com suas famílias, outras sós. Aos poucos vão sendo tiradas das casernas superlotadas e vão sendo alojadas em blocos de moradia, separadas conforme a idade e o idioma que falam.

A administração judaica preocupou-se com este grande contingente infantil que desde logo foi rodeado por mestres devotados. Muitos deles, militantes comunistas ou sionistas, acreditavam numa sociedade fraternal a ser construída no futuro. Os alunos assimilaram suas utopias conforme os testemunhos que nos deixaram.

Os SS requerem o trabalho das crianças maiores de catorze anos na produção de guerra e só permitem o ensino do trabalho manual. O ensino da história, ciências, línguas e literatura é clandestino; dele se ocupam pedagogos de conceituados centros de Viena, alguns da linha de Pestalozzi. A noite, nos saraus, as crianças assistem à leitura de poesias, a corais, marionetes, e até a óperas escritas para elas. São visitadas por filósofos, cientistas, escritores como o grande humorista tcheco Karel Polácek, com quem conversam.

São levadas a visitar os anciãos, a ajudá-los com pequenos presentes e a cantar para alegrá-los. Os velhos transmitem o seu saber e suas utopias: desejam preparar as crianças para um futuro coletivo nos *kibutzim* de Israel ou numa sociedade comunista logo que o nazismo for derrotado.

Estas crianças, contudo, assistem às cenas de deportação dos próprios pais, veem mortos nas ruas, roubam alimentos e carvão para se aquecer. Os aspectos mais cruéis do gueto não lhes são poupados.

Pude ver seus desenhos, seus textos e nada me comoveu tanto como ver algumas peças de suas roupas.

Os desenhos se inspiram nas aulas da admirável professora que foi Frederieke Brandeis. Esta jovem, nascida em Viena, foi aluna da Bauhaus, em Weimar, onde seguiu cursos com Paul Klee e outros mestres. Renomada arquiteta de interiores em Berlim, Viena e Praga, acabou caindo nas mãos dos nazistas. Em Terezin levou as crianças a estudar as cores e a luz, a fazer colagens sobre desenhos. Os formulários da antiga guarnição da fortaleza, ali abandonados, vão ser recortados e vão aparecer sob uma nova luz. Com meios tão pobres a arte se faz e o seu amor pela liberdade de criação se expressa num texto (*Sobre a Arte das Crianças*) onde ela se interroga: "Dirigir os lampejos de inspiração das crianças, suas súbitas iluminações, é criminoso. Por que os adultos se apressam tanto em fazer com que as crianças se assemelhem a eles? Somos a tal ponto felizes e satisfeitos com nós mesmos?"

Suas lições eram também um meio de reconstrução psicológica dos pequenos prisioneiros. Os desenhos são povoados de imagens do lar perdido, da cidade amada para onde um dia querem retornar.

Frederiecke Brandeis morreu em Auschwitz em 1944.

Diversas revistas são preparadas nos lares de adolescentes como *Kamarád* (22 números), *Rim-rim-rim* (sinal de reunião da turma, chegou a 21 números), *Vedem* (*Avante*!, órgão da "República Skid", que chegou a mais de cinquenta números), *Noviny...*

São revistas em geral manuscritas, muito ilustradas por lápis de cor e aquarela. Seus exemplares, únicos, passam à noite de mão em mão. Revelam o que foi o cotidiano no campo, mas também se desenha história em quadrinhos, se escrevem aventuras em capítulos: viagens na estratosfera, explorações polares, descobertas, piratas e *far-west...*

Eles veem tudo, sabem tudo e observam com aquela justiça insubornável das crianças. Até a administração judaica é criticada: "sem proteção não se pode obter coisa alguma no gueto, ou mesmo permanecer vivo".

Alguns professores se inspiravam em modelos de pedagogia soviética adaptados de comunidades de crianças abandonadas durante a guerra. Em Leningrado havia um orfanato que recolheu meninos abandonados de guerra; era a "Escola (*Shkola*) de educação social e individual Dostoiévski". Em 1943, com as iniciais desse orfanato, os adolescentes do Bloco L 417 proclamavam em Terezin uma república de jovens que denominam "República Skid".

Pelo trabalho e disciplina, pela responsabilidade entre os "camaradas", querem transformar seu destino numa "realidade alegre e consciente", conforme as palavras de seu presidente eleito, o jovem Walter Roth. Enfim, um "sentimento coletivo elevado" anima os jovens e seus pedagogos.

Enquanto a "República Skid" afirma seus princípios esperançosos na revista *Vedem* (*Avante!*) uma nuvem sombria avança sobre a Europa. Ao Conselho dos Anciãos Judeus cabe a amarga tarefa de selecionar os que devem partir nos comboios da morte. O conselho tenta reter as crianças até o fim. Mas em 1943 parte um comboio de crianças para o campo de Birkenau.

Egon Redlich, responsável pela organização infantil do campo, tinha seu braço direito no alemão Freddy Hirsch, jovem esportivo e muito ligado aos alunos. Ele os acompanhará no comboio e, em Birkenau, cria no campo o Bloco das Crianças onde continua sua obra de educação com esforços heroicos. Este jovem imaginativo inventa histórias, jogos e canções para entretê-los e cria uma ilha de humanidade e de esperança dentro do sinistro espaço de Birkenau. (Quando em 1944 os meninos são conduzidos à câmara de gás, ele se suicida.)

Para o administrador Redlich, que participara da seleção dos que iriam partir para o leste, chega a vez de partir também no último comboio para Auschwitz, com sua esposa Grete e o bebê de seis meses. Eles não voltarão.

No outono de 1944 os comboios para Auschwitz levam a maioria das crianças do gueto. A revista *Kamarád* ainda publica seu último número onde os amiguinhos prometem se reencontrar depois da guerra numa certa rua de Praga. Mas das 8 764 crianças e jovens, deportadas entre 1942 e 1944 para os campos do leste, só sobreviverá uma centena.

Os jovens redatores de *Kamarád* nunca mais se verão numa certa rua de Praga. Nem a valorosa "República Skid" virá cumprir suas promessas.

Babel ao Reverso: A Arte de Terezin

No entanto, Terezin concentrou em si uma terrível beleza. A resistência à "banalidade do mal" se apresentou em formas expressivas na música, na pintura, no teatro, na poesia... A concentração rara de talentos, rara na história da cultura ocidental, servirá aos nazistas de propaganda. Mas também houve uma arte subterrânea, de denúncia.

À noite, os prisioneiros improvisam pequenas peças clandestinas em diferentes línguas. Sem cenário, jogam com a luz e sombra dos dormitórios. Criava-se uma atmosfera mágica de compreensão, Babel ao reverso.

Com papel, com palha, com sacos vão criando costumes. Aos poucos vêm à cena Gógol, Tchékhov, Molière, Cocteau... Muitos prisioneiros foram atores. Os tchecos ousam peças engajadas politicamente, pois os SS não entendem sua língua: numa delas a Imperatriz Maria Teresa observa com telescópio o mundo moderno, especialmente Terezin criado em sua homenagem.

Karel Svenk em *O Último Ciclista* conta a história de um ditador que acusa os ciclistas de serem culpados por todos os males do país, bem como seus descendentes e os vai deportando para a Ilha dos Horrores. Só um ciclista foge e é salvo porque o ditador não pode subsistir sem um bode expiatório. Durante as sucessivas representações da peça, que faz um enorme sucesso, os atores vão desaparecendo nos comboios para o leste. Novas representações aparecem: *Pigmalião* de Bernard Shaw, *Ifigênia em Tauride* de Goethe...

Há saraus dedicados às crianças com leituras de histórias, marionetes, canções compostas no campo. Para os velhos são festejados cerimoniosamente os aniversários de Goethe, Schiller,

Kafka... e outros autores, com leituras e debates sobre suas obras.

Desde que foram criadas oficinas de produção artística, os internos exercem ali seu próprio *métier*, fazendo projetos, desenhos técnicos, gráficos para firmas alemãs. Alegram com pinturas os espaços superlotados dos dormitórios. O arquiteto Norbert Troller tem que imaginar o *décor* da cantina dos SS. Fazem painéis de decoração para teatro e desenham refinados convites. Praticam cerâmica, escultura e devem confeccionar objetos para os SS: *portraits* de família a partir de fotos, bibelôs, cartões festivos, abajures... E também álbuns de propaganda do nazismo para o mundo exterior. Mas, clandestinamente, representam o mundo que veem e escondem suas melhores obras nos grandes *port-folios* da biblioteca ou nos desvãos dos sótãos.

O atelier de desenho é dirigido por um artista extraordinário, Bedrich Fritta, gráfico e caricaturista em Praga, interno em 1941. Seu nome verdadeiro era Fritz Taussig. Pude ver o álbum encantador que preparou para o 3º aniversário de seu filho Thomas (Tomíckovi). Seu discípulo e amigo Leo Haas, que sobreviveu, nos deixou um belo retrato de Fritta e outro do menino Thomas.

Bedrich expressou sua cólera em duzentos desenhos secretos que enterrou no solo dentro de um cofre de ferro. As obras desse atormentado artista nos causam consternação e dor porque narram a verdade que os nazistas escondem: filas de deportados fustigados pelas chuvas, telhados com olhos que nos enviam mensagens aflitivas... Pode-se comparar o Café-Concerto pintado para propaganda e aquele pintado por Fritta onde os músicos tocam para rostos vazios que aguardam a morte.

No atelier trabalhavam uma vintena de pintores da altura de

As lojas de Theresienstadt – Bedrich Fritta © Thomas Fritta-Haas

Otto Ungar, Leo Haas, Charlótta Beresová, Hilda Zadiková. Evocá-los, rever suas obras, escrever seus difíceis nomes tchecos, é mais que um labor memorativo, é uma necessidade de justiça.

As crianças tiveram em Friedl Dicker-Brandeis (Frederieke Brandeis) mestra excepcional, conforme atestam os desenhos infantis que hoje pertencem ao Memorial de Terezin.

O pastor da comunidade evangélica do campo, Arthur Goldschmidt, retratou muitas figuras e aspectos do cotidiano. Nascido em Berlim, foi conselheiro do Tribunal de Apelação em Hamburgo, de onde foi afastado pela lei de 1933 sobre exclusão de funcionários judeus ou meio judeus (seu pai, que abandonara o judaísmo, o batizara na religião protestante luterana). Ele se tornou uma das figuras mais respeitadas da cidade e, banido do seu alto cargo, envia os dois filhos à Itália e depois à França para protegê-los.

Em 1942 perde sua esposa e é deportado para Terezin onde se tornou pastor da comunidade evangélica: cerca de duzentos fiéis compareciam ao culto. Traçava em cada retalho de papel que lhe caía nas mãos retratos – excelentes – dos internados. Como guia espiritual, escutava confidências e conhecia interiormente os rostos que desenhou: daí a sensibilidade dessas fisionomias, como a de singular agudeza de Madame Paracy, de Viena.

Num velho caderninho estragado que usava em seus momentos livres, deixou-nos um testemunho de amor: é o desenho de um casal onde se vê o homem penteando a mulher. Ele, ainda aprumado, de gravata *papillon* e ela sentada no solo, acabrunhada como quem desistiu de esperar. São duas atitudes que convivem no campo: a resistência animosa ao destino e o esvaziamento de toda esperança, sem outro apoio que a ternura do companheiro.

Goldschmidt sobreviveu (aqui reproduzimos algumas de suas obras).

O voo dos artistas se interrompeu em 1944 com a prisão de cinco membros do atelier. Interrogados em presença de Eichmann, são aprisionados na Pequena Fortaleza com suas famílias. Acusação: fazer propaganda mentirosa (*Greuelpropaganda*) para prejudicar a imagem do gueto. Um deles, Bloch, é espancado até a morte. Otto Ungar tem sua mão destruída para que não pudesse mais pintar e morre alguns meses depois. Os outros serão deportados para Auschwitz, onde morre Bedrich Fritta. Leo Haas, que sobreviveu, adotou o filhinho de Bedrich, Thomas.

Centenas de pintores, músicos e atores partem. Leo Haas escondeu mais de quatrocentas obras murando-as no sótão de uma caserna. Bedrich Fritta havia enterrado as suas. Esses ar-

Homem penteando a esposa – Arthur Goldschmidt © George-Arthur Goldschmidt

tistas desejavam acima de tudo dar para a humanidade um testemunho do que fora a vida no gueto. Suas obras subsistem na sua maior parte no Museu Judaico de Praga e no Memorial de Terezin.

Conforme Dominique Foucher, que estudou a pintura e o desenho em Theresienstadt: "Além de seu valor como expressão artística, essas obras constituem um testemunho único sobre o que foi Theresienstadt: um fenômeno sem precedente na história da cultura ocidental".

A Música de Terezin

Desde o início da chegada ao campo, começam a se organizar as *soirées* da amizade, espetáculos que os prisioneiros

O violinista – Leo Haas
© Memorial de Terezin

apresentavam nos dormitórios. Com grande custo conseguiam trazer consigo um ou outro instrumento, ocultos na pequena bagagem permitida. Um instrumento grande como o violoncelo chegou desmontado peça por peça.

Sem demora os nazistas compreenderam o quanto a música poderia servir de propaganda para um "campo modelo onde era tão prazeroso viver".

Assim, o chefe do Conselho dos Anciãos, Paul Eppstein, conseguiu que viesse seu próprio piano. Dado o grande contingente de músicos ansiosos por exercitar-se, ele concedia duas horas por dia a cada um. Mas como todos consideravam esse tempo exíguo fundou-se uma *Piano Polizei* (PIPO), que regulava os horários. Como se vê, o bom humor tinha direitos de cidadania em Theresienstadt. Primo Levi, ao recordar Auschwitz, não omite de forma alguma episódios jocosos como as brincadeiras de iniciação com os novatos.

Maestros, poetas, compositores ensaiam óperas, música vocal e instrumental. Há mesmo um quarteto composto só de médicos. Foram levadas à cena *As Núpcias de Fígaro* e *A Flauta Mágica* de Mozart. Um público exigente aplaudiu o *Rigoletto* de Verdi, a *Tosca* de Puccini, a *Carmen* de Bizet. Em 1942 é aberto o Café-Concerto que oferece espetáculos à tarde e à noite.

Grande êxito alcançou a ópera *Brundibar*, cantada pelas crianças do gueto e da autoria do compositor tcheco Hans Krása; é a vitória do bem sobre o mal (encarnado em *Brundibar*) e teve um *décor* e uma *mise-en-scène* das mais caprichadas. A ópera representada 55 vezes se encerra com as palavras: "Aquele que ama a justiça, que lhe permanece fiel e não tem medo, é nosso amigo e pode vir brincar conosco".

Na expectativa da visita-inspeção da Cruz Vermelha, novas salas para música são abertas e mesmo um pavilhão é construído. Preparou-se o cenário para o filme-propaganda sobre Terezin. Paradoxalmente, executava-se a obra de músicos proibidos na Alemanha, os "decadentes", com uma liberdade de que não dispunham os cidadãos hitleristas.

No Café-Concerto se apresentavam à tarde e à noite espetáculos à moda dos cabarés alemães da época e cantava-se ali uma canção que terminava assim:

> Podem nos roubar aqui bastantes coisas
> o destino decidiu por nós assim,
> mas algo existe que jamais nos roubarão:
> a certeza que um dia haverá aqui outra coisa
> oh, escuta, camarada,
> o canto de Theresienstadt.

Os artistas costumavam divertir os doentes nos hospitais que, por gratidão, guardavam para eles um pouco de pão, margarina ou açúcar subtraídos de suas minguadas rações.

Tocavam, dançavam e cantavam para um público que continuamente ia desaparecendo, sendo que eles próprios não podiam prever se estariam ali na próxima representação.

No mesmo ano de 1944, após a visita da Cruz Vermelha, os músicos foram julgados inúteis. Vários compositores embarcam nos comboios da morte como o jovem Gideon Klein, que, interno aos 22 anos, escreveu toda sua obra em Terezin onde foi pianista, regente de coro e educador. Gideon deixou-nos uma *Fantasia e Fuga para Quarteto de Cordas*, uma *Sonata para Piano*, uma peça para barítono sobre três poemas de Rimbaud e arranjos inspirados no folclore tcheco, russo e judaico. Podemos admirar sua fisionomia no retrato que dele fez Charlotta Buresová.

Em 1944 parte também Pavel Haas, o "compositor adorado" de Milan Kundera. Pavel compôs música sinfônica, *jazz*, trilhas sonoras para cinema. Antes de cair nas mãos dos nazistas tinha se divorciado para salvar a esposa e a filha que eram católicas. Pude escutar seu belo *Estudo para Cordas*, executado no filme sobre o campo.

Viktor Ullmann estudou composição com Schönberg em Viena (onde foi o primeiro auxiliar de Zemlinsky), e com Haba no conservatório de Praga. Conhecendo Rudolf Steiner, Viktor tornou-se apaixonado antroposofista. Compôs sonatas, melodias para coros infantis, muitos *lieder* como os *Lieder der Trostung* (*Cantos de Consolação*), para voz e quarteto de cordas. Musicou poemas de Hölderlin e *A Canção de Amor e de Morte do Porta-estandarte Christoph Rilke*.

Sua ópera *Der Kaiser von Atlantis* (*O Imperador de Atlan-*

tis) é uma sátira a Adolph Hitler e a seus anjos exterminadores; faz alusões a autores condenados pelo Reich como Gustav Mahler. Esta obra nunca pôde ser apresentada.

Viktor Ullmann criou o Studio para Música Nova onde ensinou a execução das músicas contemporâneas "malditas". Criou também o Collegium Musicum para o estudo de música barroca. Entre 1942 e 1944, ano de sua morte em Auschwitz, esse grande artista abriu horizontes de criação livre para os prisioneiros de Terezin como poucas vezes a Europa terá conhecido.

* * *

Aqueles que restaram no campo, ameaçados sempre ou doentes e famintos, continuam a escrever música e poesia, óperas para as crianças. Preparam os *Contos de Hoffmann* de Offenbach enquanto a Alemanha está perdendo a guerra e acelera a "solução final" para os judeus. A 1º de agosto de 1944 dá-se a insurreição de Varsóvia que as forças alemãs esmagam no início de outubro. A liberação de Paris acontece a 25 de agosto.

No delírio dos últimos tempos do nazismo são aprisionados os filhos de "casamentos mistos" que chegam ao campo. As crianças, quando levadas ao chuveiro, gritam de horror: – "Não! O gás, não!" Os recém-chegados relatam aos prisioneiros o destino dos comboios e estes tomam assim conhecimento das câmaras de gás.

Mas prossegue a luta da população russa e passo a passo a Alemanha recua. Quando o Exército Comunista liberta Auschwitz em 1945, os SS projetavam a construção em Terezin de uma câmara de gás com passagem subterrânea. Projetavam também um "lago para patos" onde afogariam milhares de pessoas. Em maio os soviéticos chegam ao campo e começa o repatriamento dos prisioneiros. Em outubro, os antigos habitantes de Theresienstadt recuperam sua cidade.

* * *

Algumas semanas antes houvera outra visita da Cruz Vermelha ao campo, ainda sob o domínio nazista. A equipe dos visitantes manifestou de novo sua admiração pelas atividades artísticas a que assistiu na ocasião. Antes dessa inspeção havia se preparado o mesmo cenário: casas pintadas, ruas lavadas, praças abertas, os internos obrigados a agir como figurantes. A Theresienstadt vista é uma fachada ilusória: ali tudo é falso, menos as suas criaturas. As crianças são crianças, os mestres são mestres, os médicos são médicos, os artistas são artistas.

Em 1943 o campo viveu um memorável acontecimento: a apresentação do *Requiem* de Verdi. Quando a quase totalidade do coral foi deportada (150 participantes se foram nos "comboios do leste"), lentamente se formou um segundo conjunto que pôde apresentar outra vez o *Requiem*. Este, recebido com emoção pelos prisioneiros que escutavam mescladas no mesmo coro as vozes dos vivos e dos mortos.

Mas, havendo novas deportações, os cantores se foram. Os sobreviventes do campo de Terezin formaram então um terceiro coral que, no outono de 1944, se apresentou para cantar o *Requiem* de Verdi.

O ateliê de desenho – Leo Haas © Memorial de Terezin

Cartazes de Óperas © Memorial de Terezin

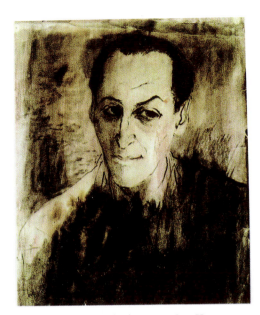

Retrato de Bedrich Fritta – Leo Haas
© Memorial de Terezin

Retrato de Thomas Fritta – Leo Haas
© Memorial de Terezin

*Primeira página do álbum Tomíckovi –
Bedrich Fritta*
© Thomaz Fritta-Haas

O café – Frantisek Petr Kien © Memorial de Terezin

O café – Bedrich Fritta © Thomas Fritta-Haas

Velho com sua tigela – Otto Ungar
© Memorial de Terezin

Capa de Noviny, *revista infantil*
© Memorial de Terezin

A partida de um comboio – Bedrich Fritta   © Thomas Fritta-Haas

Representação teatral num celeiro – Bedrich Fritta   © Thomas Fritta-Haas

Os cegos em Theresienstadt – Leo Haas   © Thomas Fritta-Haas

Sonata para piano de Gideon Klein
© Memorial de Terezin

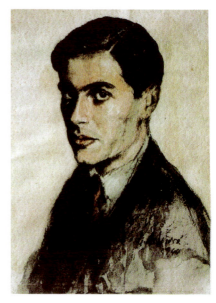
Retrato de Gideon Klein – Charlotta Buresová © Memorial de Terezin

O quarteto dos médicos – Karel Fleischmann © Museu Judaico de Praga

O comboio das crianças de Bialystok – Leo Haas © Memorial de Terezin

O jantar da festa do Seder – Dorit Weiserová   © Museu Judaico de Praga

Mesa vazia – Blanka Metszlová   © Museu Judaico de Praga

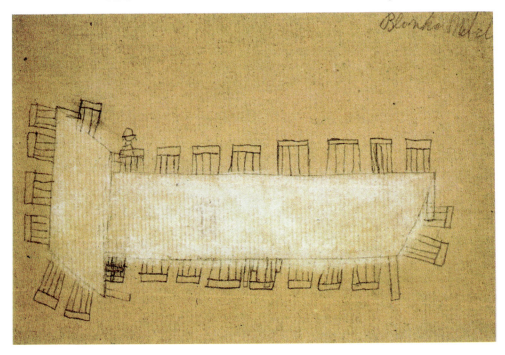

2
Entre a Opinião e o Estereótipo

Quem vai trabalhar com histórias de vida, biografias, depoimentos orais, procedimentos correntes nas Ciências Humanas, tem a impressão inicial de que a experiência que se desenrola no tempo dispõe de um caráter infinito.

Os momentos vividos publicamente possuem entre si interstícios da existência privada ou de um cotidiano que corre incessante na biografia. Cotidiano que frequentemente transborda do seu leito, rompe barragens e confunde a vida íntima com os eventos históricos.

Aquela sensação de infinito é logo corrigida pela própria pesquisa que nos demonstra que a colheita mnênica é parca, é lacunosa. Onde queríamos estampar a fisionomia viva do narrador, imprimimos os traços secos da máscara.

É o gesso do estereótipo que perpetua lembranças enquanto as imobiliza e resume.

Na verdade, a colheita mnênica revela o mapa de uma pequena região do mundo, onde nos guiamos por sinais familiares, seja na percepção do tempo, seja na percepção do espaço.

Isto se estende aos seres vivos nos quais a morfologia do sistema nervoso confere diferentes significados ao meio e amarra as vivências em algumas poucas balizas para que não se dispersem.

Dentro da biografia há alguns momentos privilegiados: o nascimento, as crises da juventude, a formatura, o casamento, a chegada ou a perda de pessoas amadas... E há espaços privilegiados: a casa da infância, os trajetos do bairro, recantos da cidade, lugares inseparáveis dos eventos que neles ocorreram. A cidade possui alguns focos sugestivos que amparam nossa identidade, percepção e memória.

Mas entre as travessias forçadas e os percursos imprevistos, existe a preciosa noção do *caminho familiar*, com marcos onde a significação da vida se concentra.

Para o biólogo Von Uexküll, o *caminho familiar* é o universo dos valores vitais do organismo onde ações e reações ganham sentido[1].

Nessa fatal limitação da experiência, o pesquisador encontra, ao mesmo tempo, estreitamento e possibilidades novas.

O objeto de nosso estudo não é porém a memória, nem as vicissitudes do historiador ou do psicólogo, mas o concreto exame da opinião e do estereótipo.

Temos como primeiro dado que nosso círculo de experiência é finito; o nosso espaço vivido é pequeno.

Embora tenhamos a ilusão de participar intensamente desse mundo único que encerra os seres viventes, conhecemos, na verdade, um reduzido espaço dentro dele, e um caminho familiar pelo qual nos guiamos e onde repetimos nossos passos, entre a infinidade de caminhos oferecida a outros seres.

---

1. *Mondes animaux et monde humain*, cit.

Se a nossa atividade essencial como sujeitos é ação e percepção, nós a exercemos dentro de um espaço de vida que nos rodeia como uma bolha de sabão e onde encontramos nosso significado biológico e existencial.

Conhecemos algumas pessoas, algumas coisas, alguns pedaços de paisagens, de ruas, alguns livros. Presenciamos alguns fatos, mas não presenciamos a maior parte dos fatos sobre os quais conversamos. Confiamos, porém, nas pessoas que viveram e presenciaram esses fatos, e o pensamento e o discurso cotidiano se alimentam dessa confiança social.

Além disso, sabemos que transfiguramos uma cena por nós assistida, e ela sofre uma distorção causada pelo ponto de vista. Como se a nossa percepção das coisas fosse, mais do que uma recepção, uma construção, uma tarefa sobre o mundo.

Quando entramos em um ambiente novo, de estimulação completa, passamos por instantes de atordoamento. Tudo é uma mancha confusa que hostiliza os sentidos. Aos poucos, as coisas se destacam desse borrão e começam a nos entregar o seu significado, à medida da nossa atenção. É o trabalho perceptivo, que colhe as determinações do real, as quais se tornam estáveis para o nosso reconhecimento, durante algum tempo.

Essa colheita perceptiva, relação de trabalho e de escolha entre o sujeito e o seu objeto, pode sofrer um processo de facilitação e de inércia. Isto é, colhem-se aspectos do real já recortados e confeccionados pela cultura. O processo de estereotipia se apodera da nossa vida mental.

Nem sempre estamos dispostos à aventura da percepção: somos insensíveis e desatentos às coisas que povoam nosso mundo e, por isso, sofremos de uma perda, de um empobrecimento que nos faz capitular e enxergar através de mediações impostas. Castigo que sofremos à medida que não sentimos nem exercemos simpatia pelas coisas. A simpatia, que é uma afinidade pré-categorial do sujeito com o seu objeto, traz em si já uma intuição de ordem superior, que começa com a negação do óbvio e do já visto.

Ela pode se formar através de um trabalho sobre mundo, de uma negação do dado imediato, que recebe sua recompensa quando já não descrevemos nem classificamos, mas habitamos as coisas do mundo.

Charles Dickens fala, através de David Copperfield, quando este recorda os primeiros anos de sua infância.

Creio que a memória da maioria dos homens guarda estampada os dias da meninice mais do que geralmente se acredita, assim como creio na faculdade de observação, sempre muito desenvolvida e exata, das crianças. Os homens feitos, que se notabilizaram por causa dessa faculdade, nada mais fizeram se não conservá-la, em vez de adquiri-la na sua madureza, é o que poderá prová-lo é que esses homens têm frescor, vivacidade, a serenidade, além da grande capacidade de agradar, dons que são também uma herança da infância.

Reconquistar o que se perdeu é muito difícil: difícil é o caminho da volta às coisas, de volta ao mundo da vida pré--categorial e pré-reflexiva, para reencontrar os fenômenos face a face. Esse caminho pede um alto grau de tomada de consciência da vida em si que começa na recusa do estabelecido, na suspensão da validade mundana.

No processo de estereotipia, os padrões correntes interceptam as informações no trajeto rumo à consciência.

Lippmann descreve um homem de negócios, em viagem, contemplando paisagens sem ver nada, a não ser possibilidades de loteamento. Esse homem costuma apreciar certas vistas em quadros pendurados na sala de visitas: um pôr do sol rosado, uma torre de igreja com uma lua prateada, por exemplo. Um belo dia, vai ao campo e viaja durante horas sem ver uma única "paisagem". Nisso, o sol se põe, numa atmosfera cor-de-rosa. Ele imediatamente reconhece a cena e exclama: finalmente, uma paisagem bonita!

No trato com as pessoas isso acontece frequentemente. Elas nos aparecem como que embaçadas pelo estereótipo, e é preciso tempo e amizade para um trabalho paciente de limpeza e reconstituição da figura do amigo, cujos contornos procuramos salvar cada dia do perigo de uma definição congeladora.

Como podemos encontrar o caminho das coisas se já nos disseram tudo antes que as experimentássemos? Como nos salvar dos preconceitos penetrantes que governam nosso processo de percepção? Onde começam as nossas ideias sobre as coisas? Por que as aceitamos? Como chegaram a nós?

Se um grego quisesse encontrar a face ideal de sua época, teria os deuses nos templos para contemplar. E um homem do Renascimento iria encontrar essa face nas pinturas de Botticelli e de Leonardo. Mas a retratação das figuras humanas não era tão corrente: não houve ainda época em que, como na nossa, se visualizasse tanto... a imagem imóvel do jornal, a imagem móvel do cinema, da televisão...

Essas imagens têm autoridade sobre nós: e para nos invadirem elas nos pedem apenas o trabalho de ficarmos acordados.

O estereótipo nos é transmitido com tal força e autoridade que pode parecer um fato biológico.

A psicologia social descreve essa tendência a formar noções simplificadas que recobrem os elementos do real, ignoram exceções e permanecem rigidamente imunes à experiência.

É a percepção social falsa. Mas por que se forma?

Talvez devido ao excesso de complexidade dos objetos sociais. É a hipótese de Asch[2]. A simplificação seria uma etapa no conhecimento do ambiente; etapa que eliminaria os pormenores.

Quando as condições o permitem, as impressões iniciais são corrigidas e tornam-se mais inteligíveis à luz de novas experiências.

Que condições grupais determinam a rigidez ou a instabilidade da opinião? A explicação de Asch nos parece insuficiente, mas abre a perspectiva de um campo social mutuamente compartilhado e de um sistema de ação grupal sobre o indivíduo. Quando as relações, as leis do sistema, não são evidentes, ficam em nosso conhecimento lacunas entre a ação e a consequência. Compreender a ação social nos torna participantes inteligentes desse campo mutuamente compartilhado.

Quando a socialização é uma adoção acrítica de normas e valores, ela produz o medo do conhecimento. Quando delegamos para a autoridade o ato de pensar, essa delegação faz odiar os que pensam por si.

O repouso no estereótipo, nas explicações dadas pelo poder, conduz a uma capitulação da percepção e a um estreitamento do campo mental.

A criança, nos seus primeiros anos de vida, é mais dependente do consenso dos maiores; para viver de acordo com as exigências dos outros, limita e mata a sua vida interior. Essa autoeliminação é conseguida pela restrição da consciência, que lhe traz segurança. Se não existisse a insubmissão, o acordo criaria uma sociedade especular, e a socialização faria de nós um espelho contra espelho que se reduplicaria infinitamente.

---

2. S. Asch, *Psicologia Social*, São Paulo, Nacional, 1967.

Se as atitudes fazem parte de um campo mutuamente compartilhado, a criança confia nos pais e nos professores, e o indivíduo, no seu grupo primário.

Confiamos nas instituições que nos socializam: eis a razão das nossas primeiras crenças e atitudes.

Que preço teremos que pagar, psicologicamente, pela insubmissão?

A mudança de atitude exige uma reorientação intelectual, um rompimento com os vínculos sociais. E uma reestruturação da experiência passada. A mudança de atitude causa uma desordem nas relações sociais.

Toda criatura reage defendendo-se da desorientação.

Defende, pelos meios mais econômicos a seu alcance, a orientação global necessária à sua atividade, ainda que isso pareça irracional.

A atitude é um sistema estável, uma organização de experiências sobre um objeto. É uma estrutura hierarquizada, em que as partes se relacionam entre si e com o todo. Mas é também uma estrutura semiaberta que é parte de um contexto mais amplo.

Nessa forma unificada de ver os dados, as opiniões convergem, são interdependentes. Sempre que uma se abala, as outras também se abalam, pois são cognitivamente estruturadas.

Quando enfrentamos uma experiência traumatizante, podemos desejar lançá-la para fora do nosso campo. Mas, quando lançamos fora de nosso campo os fatos que nos abalam, ou que não conseguimos explicar, restringimos o horizonte, mas rompemos vínculos de comunicação com o mundo. Os fatos não assimilados continuam a causar tensão. E a estabilidade que se obtém é artificial.

A palavra "conformismo" não explica a dinâmica interna da

situação. Wertheimer descreve esses "prisioneiros do presente" oscilando ao sabor dos episódios, ou apegando-se a um quadro rígido de referência para se protegerem da desorientação, resistindo arbitrariamente a qualquer mudança. O medo da desagregação traz impenetrabilidade a novas significações, tornando-os ao mesmo tempo rígidos e instáveis.

Podemos delegar à autoridade nossa confiança, mas, às vezes, as crenças e as convicções que nos vêm dela não se conciliam com a experiência.

Uma saída é limitar o pensamento. Porque há algo de audácia e aventura no pensamento que se opõe e que pode levar a uma direção desconhecida.

A raiz dessa atitude pode ser a opressão e a repressão na infância. Deslocamos uma agressão impossível contra pais e superiores para grupos, pessoas, ideias diferentes. Esse deslocamento se acompanha de uma identificação com a força e com o opressor, pois só o poder parece objetivo. E se acompanha de uma menor tolerância do eu à ambiguidade do meio, do ódio à fraqueza, do apego aos fortes e à ordem. Esta é a síndrome que Adorno descreve como autoritarismo[3].

E as pressões posteriores à infância? Pressões da informação, das contradições econômicas, da ausência de objetivos comunitários?

O indivíduo, como vimos, defende-se delas através de uma limitação da imaginação e de um estreitamento progressivo do campo mental.

* * *

---

3. T. Adorno e Frenkel Brunswik *et al.*, *The Authoritarian Personality*, New York, Harper, 1950.

É preciso refletir sobre a opinião, ou sobre as vicissitudes da opinião em nossa vida.

Para Adorno, a opinião é a posição de uma consciência subjetiva, tida como válida, mas sem a universalidade da verdade. O conhecimento é a opinião verificada.

Certas classes atribuem a si o conhecimento; e a opinião, ao povo. O limite entre a opinião sadia e a demência não é traçado pelo conhecimento do concreto, mas por essas classes. A sua opinião se substitui à verdade do fato.

Os homens têm que operar com a opinião; isso é uma necessidade. Nem sempre podemos retroceder às condições de verificabilidade de nossas opiniões. A opinião é um risco: caminha mais depressa que o real e deve concluir coisas demais. É como uma excrescência além dos *realia*, um grão de loucura que pode germinar e se desenvolve selvaticamente.

Como passar da opinião para o conhecimento?

Pensar não é uma atividade subjetiva, é um relacionamento entre sujeito e objeto. É só essa relação com o objeto que nos faz passar da opinião para o conhecimento. Mas a não reciprocidade das relações entre sujeito e objeto é uma característica da nossa sociedade. O pensamento não é uma potência formal que se alimente de si mesmo. Deve voltar-se para o mundo e, se for um pensamento prudente, deve prover com objetos os seus conceitos.

A opinião sem recurso aos fatos gera uma razão interna que incorpora a si só o que lhe é semelhante, vendo em tudo confirmação de si própria. Falta-lhe a *liberdade para o objeto*, de que fala Hegel, que é a liberdade que o pensamento tem de assumir a diferença das coisas. E a coisa pertence ao mundo, não é reiteração mecânica da opinião.

Na vida prática, não temos sempre condições de transformar opinião em conhecimento: a verdade fica sendo a opinião comum.

A técnica acentua, no dia a dia, esse caráter mágico de não--verificabilidade.

O corretivo é a relação do pensamento com o objeto que o liberta do capricho, da volubilidade da opinião pela adesão humilde às coisas. Essa adesão humilde às coisas, muitas vezes perdida e sempre a reconquistar, impede que as opiniões continuem a se repropor e a proliferar numa projeção doentia.

O mundo é opaco para a consciência ingênua que se detém nas primeiras camadas do real. A opinião afasta a estranheza entre o sujeito e a realidade. A pessoa já não se espanta com nada, vive na opacidade das certezas.

Como as coisas mudam, a opinião também deveria conhecer o espanto, mas, por consonância cognitiva, ela se recusa a ver, ela *trai* esse espanto diante do novo.

Como o mundo é regido por leis outras que as da nossa opinião, esta só se pode expressar de modo teimoso e contorsivo. O que leva, nos sistemas autoritários, a ceder a liberdade de opinião à autoridade. Assim, alienada, ela cobre as contradições. Quando o *eu* fraco se sente inferior ante o aparelho do poder, pode cair na identificação com o poder e no infantilismo.

Pensemos no assassinato de Kennedy e nas ondas de "explicações" que se sucedem sobre o fato. Temos aqui o exemplo de empobrecimento da verdade pelo uso da opinião, causada pelo jornalismo e por outros meios de difusão. É comum as pesquisas sobre os meios de comunicação caírem num círculo vicioso: para conhecer a opinião pública preciso conhecer os seus órgãos, para criticar esses órgãos preciso conhecer a opinião pública.

Os procedimentos tradicionais da pesquisa empírica não são

capazes de entender o mundo amolecido pela opinião, isto é, a percepção alheia à experiência.

Platão distinguia a opinião (*doxa*) da verdade (*alétheia*). Na *República*, a opinião seria algo intermediário entre o conhecimento e a ignorância.

A consciência se enfraquece quando se dobra à realidade sem tensão; é preciso despregar a verdade das coisas por um esforço.

Mas essa atitude é contrária ao ceticismo corrente que diz: "já que não se pode estabelecer fronteira entre opinião e verdade, então cada um fique com a sua opinião". O que traduz o desespero de encontrar a verdade, como se a sociedade tivesse medo de confrontar com a Razão o seu irracional. Mas a Razão tem que ser mais lúcida que a fé ou a opinião; não basta acreditar nela como em algo fora e além de nós, como a fé nos anjos.

Ela é um trabalho; marcha do Espírito no qual o eu é um momento precário: ela pede o conhecimento em si, e não o interesse do indivíduo.

Se opinião e conhecimento requerem um conteúdo de consciência individual, uma apropriação subjetiva, esse momento egótico é perigoso, escorrega para o falso. As motivações que estão por trás da opinião (aplauso do grupo, segurança, repouso no estereótipo) são diferentes das que estão por trás da verdade. Não se trata de procurar uma simples congruência interna de fatos. Deve-se confrontar cada asserção com a experiência e voltar para as coisas.

Na medida em que o pensamento se formaliza, afasta-se desse confronto com as coisas, deixa as coisas como estão; o poder com o poder.

A ideologia, nós o sabemos, é uma consciência falsa, engendrada por uma forma de mercadoria. No processo de chegar à

Verdade, atravessa-se a ideologia, mas como quem vence uma etapa. A consciência falsa é, pois, um "momento da verdadeira" (Lukács).

Esse processo interrompe-se, se nós relativizamos a verdade, se "cada um ficar com a sua opinião". Se a Verdade se torna opinião, ou debate caótico entre opiniões, a sociedade dos que pensam perde o cimento gnoseológico que a mantém unida. E depois de dizer que não há verdade objetiva, acaba-se aceitando que o Poder engendra a verdade.

A *doxa* é uma representação subjetiva; ela é apenas a opinião à procura da verdade. Para Santo Tomás, ela é o ato do intelecto que se apoia sobre uma parte da contradição com medo da outra.

Sócrates crê na verdade. Seus oponentes, os sofistas, querem a vitória da opinião. Mas sempre que cedemos à opinião – e com frequência achamos que esse relativismo é uma virtude nossa –, é porque nos falta força para uma síntese racional.

Cada indivíduo pensa que é um caso à parte quando opina; mas ele acentua a sua particularidade enquanto exalta o poder que o alienou. Essa capitulação da consciência já é uma derivação do desespero. A propaganda não é a que nos vende um ou outro produto, mas é a que, continuando com Adorno, nos ensina atrás de cada produto particular: "Aquilo a que se pertence é bom por excelência".

A saída deve ser real e total, não se trata de corrigir detalhes ou partes dessa falsa consciência.

* * *

A abstenção de opinar também é problemática, pois se traduz em uma mobilidade anormal, que não chega à síntese.

Wertheimer descreve "prisioneiros do presente", de comportamento ora rígido, ora instável, oscilando ao saber dos episódios, mas renitentes à experiência.

A pessoa sem projeto fica molusca, problematizante: é a "imparcialidade" desvinculada do intelectual. Para quem todos os valores têm o mesmo valor: os "outros" teriam opiniões ou preconceitos por estarem condicionados ao passado, ou por qualquer outra motivação. Quando os intelectuais criticam a opinião alheia congelada em preconceito, creem que o seu ceticismo seja mais objetivo. No fundo, é o subjetivismo do intelectual que não crê mais na possibilidade de conhecer a verdade e, por isso, suspende as certezas alheias.

Retomando: o conhecimento começa pela resistência à opinião, principalmente à que está endossada pelo poder. (E a opinião do dirigente se expande não porque seja a verdadeira, mas porque é a do dirigente.) Quando se ergue contra ela, o pensamento que diverge é tido por desordem. Mas a negação abstrata das opiniões coisificadas também é uma degeneração. Não aceita nada, mas não propõe nada.

O espírito não deve imobilizar-se nem na aceitação, nem na negação, mas tem que se empenhar numa vontade em luta contra o falso, numa vontade de consciência total e prática.

Mas só merece de nós um esforço aquilo que amamos.

Chegando ao fim deste exercício, vamos voltar ao princípio. Tudo começa numa afinidade, numa simpatia do sujeito da percepção e da ação pelo seu objeto.

Para alcançar esse alto grau de tomada de consciência da vida em si, há um momento de recusa do que foi estabelecido sem a nossa aquiescência e experiência. Isto se dá sempre que nós queremos habitar plenamente as coisas do mundo.

Se há no cientista um momento de astúcia, de desconfiança

e luta, ele é motivado por uma percepção aventurosa em busca do conhecimento.

É preciso que o psicólogo busque simpatizar para que ele possa voltar às coisas e às pessoas; e que ele trate, como queria Bergson, a vida como camarada.

Mas essa atitude não é uma técnica, é uma conversão.

3
Submissão e Rebeldia em "O Capote" de Gógol

Todos nós descendemos do Capote.

Dostoiévski

Durante anos sucessivos meus alunos de Psicologia Social na Universidade de São Paulo representaram a novela "O Capote" de Nicolai Gógol, transformada por eles em peça teatral. As peças eram muito diferentes de ano para ano, assim como as interpretações. No entanto sempre foram fiéis à mensagem de Gógol e sempre sugeriam indagações novas.

Espero que essa história "que é a obra-prima da grande literatura russa"[1] tenha permanecido na lembrança dos alunos e tenha subido à tona como um trabalho da consciência.

Tempos depois um docente encontrou preso a uma mesa algo inesperado e perguntou: – "O que é isso? Parece um floco de algodão!"

---

1. O. M. Carpeaux, *História da Literatura Ocidental*, Rio de Janeiro, O Cruzeiro, 1962, p. 1865.

– "Não, professor!" – respondeu a classe – "É a neve de Petersburgo".

* * *

Os psicólogos sociais têm-se ocupado muito do conformismo e da insubmissão.

No clássico experimento de Asch[2], um aluno universitário é levado pelo grupo (cúmplice do experimentador) a afirmar o contrário do que seus olhos veem.

O experimento é de uma terrível simplicidade porque se trata de comparar comprimentos de linhas. Todos afirmam o contrário da verdade, e o "sujeito ingênuo" acaba muitas vezes concordando com a maioria que o induz ao erro. Não se trata de uma medida arbitrária, mas da evidência negada das próprias percepções. Ele duvida de si mesmo sem encontrar uma explicação para seu olhar que diverge de todos.

Dante Moreira Leite repetiu o experimento com a juventude rebelde e negadora de 1971. Encontrou um número ainda maior de conformistas que davam respostas absurdas sob a pressão da maioria[3].

O que devemos, diz Dante, é observar que sempre existirá o sujeito independente, que não se dobra à pressão alguma e é capaz de enxergar e apontar "a nudez do rei". É a possibilidade de existência do indivíduo que recusa e resiste.

Como conciliar a voz da consciência com as ordens da autoridade?

A experiência de Milgram[4] na Universidade de Yale trans-

---

2. S. Asch, *Psicologia Social*, São Paulo, Nacional, 1966.
3. Dante Moreira Leite, "Conformismo e Independência", *Debate e Crítica*, nº 2, São Paulo, 1972.
4. S. Milgram, *Obedience to Authority*, Harper and Row, 1974.

formou em torturadores pessoas de várias profissões inclusive de natureza humanitária.

Recrutadas pelo jornal a participar de um experimento sobre memória e aprendizagem, a quatro dólares por hora, no prestigioso Laboratório de Interação de Yale, os voluntários acorreram. Instruídos pelo pesquisador a testar os efeitos da punição sobre o aprendizado, a cada erro do sujeito deveriam, movendo uma alavanca num painel, causar-lhe um choque elétrico.

A "vítima" era amarrada numa cadeira com eletrodos nos punhos, e a agulha de um voltômetro assinalava a intensidade da descarga recebida.

Cada vez que o voluntário hesitava, o cientista o exortava a continuar. A princípio os choques causavam gemidos que iam num crescendo até gritos de agonia e afinal o silêncio. 62,5% dos "experimentadores" vão até a máxima voltagem.

Na verdade a "vítima", cúmplice do cientista, não recebera choque algum. Os voluntários foram esclarecidos depois que o que se estava avaliando era a possibilidade de infligir tortura num desconhecido em nome da ciência.

O conflito entre forças antagônicas, obediência à autoridade ou rebelião, é ocorrência comum em nosso cotidiano. E um exame da História nos prova que a obediência causou males maiores que a rebeldia (como aconteceu no nazismo).

Pessoas comuns, cumprindo sua tarefa, podem se tornar agentes de um processo atroz de aniquilação. Raros têm força ou recursos internos para resistir.

O apoio no grupo oferece o respaldo necessário: "Todos acham que ele é diferente". "Ele é perigoso para nós."

Da desqualificação da vítima, que se torna cada vez mais desprezível, até considerá-la uma ameaça à coletividade vai um processo contínuo. Este processo tem sido estudado em Psicologia Social.

A responsabilidade é atribuída a outrem, ao sistema. Quem toma a decisão inicial (Eichman assinando um papel, Truman ordenando ao piloto de Hiroshima) não é muitas vezes confrontado corpo a corpo com suas vítimas.

O conformismo é o traço mais comum de comportamento da organização do mal no mundo moderno.

No entanto, podemos colocar, ao lado do conceito da estrutura, o conceito de transformação social.

Se o comportamento apresenta formas cristalizadas e repetitivas por que há mudanças contínuas nas normas das instituições? Não podemos negar a mudança: um exame de dez anos atrás quantas transformações históricas evidencia!

Nos cursos de Sociologia ensinava-nos o professor Ruy Coelho que o indivíduo nunca é metal em fusão que se molde na matriz sociocultural, imagem que repetia em suas aulas. Nós temos farpas, dizia, que a moldagem não elimina. Se a personalidade é a síntese do homem com sua cultura, traz o selo da individualidade, ainda que obedeça à gramática das relações vigentes.

"Talvez as singularidades de que é portadora jamais logrem expressão concreta e se veja mesmo forçada a reprimi-las; o que não impede que existam"[5].

As tensões radicais convivem no dia a dia com as menores, imperceptíveis. Sendo assim, é a persistência das estruturas e não seu movimento que nos pode surpreender. Na medida em que dependem do comportamento humano, como teriam estabilidade imanente?

5. Ruy Coelho, *Estrutura Social e Dinâmica Psicológica*, São Paulo, Pioneira, 1969, p. 210.

Mesmo que subterrânea ou abafada existe uma relação dialética entre a personalidade e as instituições. Kurt Goldstein[6] chega a definir o organismo como um sistema em debate com o meio.

O conjunto de sistemas simbólicos de uma cultura (linguagem, economia, parentesco, arte, ciência, religião) tem um ritmo de evolução peculiar em cada sociedade.

Na "Introdução à Obra de Marcel Mauss", Lévi-Strauss afirma que nenhuma sociedade é integralmente satisfatória para todos os seus membros, já que os sistemas simbólicos de que dispõem não conseguem abarcar todas as nuances do humano.

Existem indivíduos mais sensíveis que outros às contradições e às lacunas sociais. Suas manifestações podem ser tomadas como excentricidade ou demência mas podem também enriquecer a sua cultura.

Sob o império da socialização, a formação de uma nova pessoa é sempre um processo criador, o que nos faz recordar Martin Buber: "O gênero humano começa a cada momento".

* * *

A hipótese de Merton apresenta o comportamento divergente como sintoma de dissociação entre aspirações que a cultura incentiva e os canais que ela aceita para sua realização[7].

Imaginemos uma forte acentuação no objetivo, mas tão forte, que qualquer meio serviria para alcançá-lo, ainda que ilícito. Exemplos: ganhar uma competição só por ganhar, não prestando atenção nem fruindo do jogo em si. Ou obter riquezas; o

---

6. K. Goldstein, *La structure de l'organisme*, Paris, Gallimard, 1951.
7. R. K. Merton, *Social Theory and Social Structure*, The Free Press of Glencoe, 1949.

dinheiro aparecendo como alvo abstrato a conquistar, desligado da vida. (Como foi ganho?) Ou estudar a rota das estrelas e o curso dos rios apenas para responder às questões do vestibular.

Em certas competições só o resultado vitorioso traria satisfação. A exageração cultural do sucesso como um fim em si, sua exaltação obsessiva, leva o indivíduo a prezar menos as regras, o que pode engendrar uma desmoralização das próprias instituições.

Quando a ênfase no sucesso penetra as agências de socialização, família, escola, local de trabalho, pode conduzir o sistema ao que Durkheim chama *anomia*, ausência de normas.

A ideologia de que a oportunidade está ao alcance de todos se expressa no "Querer é poder" ou no "Hei de vencer". A identificação se dará com os que estão no topo, não com nossos pares. Há toda uma literatura que atribui a vitória às condições psicológicas do cidadão.

Aconselha Andrew Carnegie: "Seja rei nos seus sonhos. Repita: meu lugar é no topo".

Essa literatura se apoia em axiomas tais como:

- Cada um deve se esforçar para conseguir os bens mais elevados porque eles são acessíveis a todos.
- O que hoje parece um fracasso é apenas uma etapa na realização dos projetos.
- O fracasso mais terrível é a perda da ambição e acontece no interior do sujeito que terá que assumi-la como culpa.

Para grande parte da população a riqueza é consagrada como um valor em si, é símbolo de prestígio. Mas como Simmel observa na sua *Fenomenologia do Dinheiro*, este é por sua natureza abstrato e impessoal, podendo sua origem ser ignorada e anônima.

Merton apresenta o seguinte quadro de adaptações individuais aos objetivos e meios institucionais para alcançá-los. Cumpre ver que não se trata de tipos de personalidade, mas modos de adaptação em situações específicas[8].

Modos de adaptação	*Objetivos*	*Meios institucionais*
I Conformismo	+	+
II Inovação	+	−
III Ritualismo	−	+
IV Retraimento	−	−
V Rebelião	±	±

I. O CONFORMISMO é a adaptação mais comum, uma vez que deseja os objetivos e aceita os meios de que o sistema dispõe para alcançá-los. Os conformistas mantêm a rede de expectativas que constitui a ordem social, mediante seu comportamento obediente aos esquemas estabelecidos.

II. Na INOVAÇÃO, é tanto o apego ao objetivo, que se usam meios audaciosos para lográ-lo. Aqui, o fim justifica os meios. No mundo dos negócios nem sempre é o esforço que triunfa, mas os golpes oportunos.

Se uma sociedade estigmatiza o trabalho braçal, onde estão para o trabalhador as oportunidades felizes que atingem os padrões valorizados?

---

8. O sinal positivo significa aceitação, e o negativo, rejeição. Mais ou menos significa rejeição de valores atuais e substituição por novos.

Limitando e fechando os canais de acesso à fortuna, a mesma sociedade de classes exerce colossal pressão interna que força o desvio de comportamento.

Merton analisa a incoerência estrutural da sociedade norte-americana que exibe símbolos de êxito para toda a população enquanto restringe ou fecha para a maioria o acesso aos meios legítimos de obtenção desses bens.

Os que não conseguem transpor as fronteiras de classe, as vítimas dessa contradição nem sempre têm a lucidez de perceber que seu estado é inerente à estrutura social.

O trabalhador vê ao seu redor companheiros experientes no ofício, mas desempregados. Ao passo que ele sim, teve "sorte", conseguiu emprego.

O sistema que transforma milhares de trabalhadores em párias faz visível a correlação entre crime e pobreza. A discrepância social é, além disso, um solo fértil para a superstição. É terreno para o Acaso, a Sorte, a Fortuna, os Astros, onde vicejam o jogo, a loteria, os videntes.

Gadda no romance *Aquela Confusão Louca da Via Merulana*[9] descreve o forte vínculo entre fascismo e superstição. Entre a burguesia romana e os subúrbios existiram laços de ocultismo e de bruxarias que culminaram no crime.

Se o desemprego vem da má sorte, surge a Doutrina da Boa Sorte, não raro atribuindo à própria vítima a culpa das injustiças que sofre ("Tudo vai melhorar quando você tiver fé e atrair para si as energias positivas").

Proliferam as religiões que alienam e consolam.

A doutrina do pensamento positivo e da Boa Sorte:

---

9. C. Gadda, *Quer pasticciaccio brutto di via Merulana*, trad. Aurora F. Bernardini e Homero Andrade, Rio de Janeiro, Record, 1982.

– explica a discrepância entre o mérito e a recompensa;
– salva o amor próprio diante do fracasso;
– mantém imune a estrutura que permite esse desequilíbrio;
– impede a luta pela equidade, pois a Fortuna é cega.

III. O RITUALISMO é também uma forma de adaptação que consiste na renúncia aos objetivos sociais e no cumprimento compulsivo das normas.

O medo da ambição ("Eu me satisfaço com o que tenho") se traduz no apego à rotina e à ritualização do trabalho. É o afastamento das lutas que conduzem à arena do sucesso

A aguda ansiedade de que deriva da competição pelo *status* afasta o sujeito da arena.

São expressões dessa renúncia: "Estou contente com minha sorte" ou "Quanto maior o pulo, maior a queda", chavões correntes nas disciplinas familiais da pequena classe média que formam as severas regras morais do burocrata zeloso.

Mas, como tantas vezes observamos, uma longa submissão pode ser rompida pelo desafio às regras, pelo comportamento ilícito, enfim pela mudança radical.

IV. No RETRAIMENTO há rejeição de objetivos e meios. Mas quem abandona as metas de uma coletividade e também deserta dos caminhos de acesso se constitui num problema social. Psicóticos, vagabundos, párias, drogados, alcoólatras são incansavelmente perseguidos em seus refúgios, pois quem rejeita meios e fins é um ser associal. Na fuga completa do modelo cultural, o indivíduo que procura escapar é visto como um ser estrangeiro que não quer partilhar valores comuns. Sua própria existência em alguma região torna-se um entrave para os outros membros.

Mas a origem de sua conduta desviante pode ser exatamente a estrutura social que o repudia.

Fracassos repetidos para se aproximar do fim desejado por meios lícitos e honrados e uma recusa interior de meios ilícitos podem gerar essa conduta. Pelo abandono de tais recursos, pela fuga total, o conflito é eliminado; o sistema o condenará, enquanto aceita o inovador astucioso e ativo que venceu.

Merton encontrou uma livraria no subsolo de velho edifício do bairro boêmio de Chicago; um cartaz anunciava livros que chamassem atenção dos miseráveis:

É preciso ganhar a partida, ser audacioso antes que os anos joguem você no depósito dos refugos humanos.

Para escapar desse destino desgraçado compre um número das LEIS DO SUCESSO FINANCEIRO. Você entrará na estrada real do êxito por apenas 35 *cents*.

O autor observa que muitos homens passam pelo cartaz e raramente compram. O sucesso, conclui, parece caro demais aos miseráveis, mesmo por 35 *cents*.

No imaginário da cultura popular, o vagabundo que despreza os modelos oficiais pode se tornar uma inspiração. A figura do pequeno vagabundo que não encontra seu lugar no mundo, desprotegido como os mais fracos, surge de chapéu-coco e bengala na primeira metade do século XX.

Suas pantomimas fazem rir crianças e adultos, inspiram os poetas. Carlitos é descrito por Kardiner: "Ele não é presa do conflito porque renunciou à procura da segurança e do prestígio, e está resignado a não pretender nem a virtude nem as honras"[10].

A descrição que Kardiner faz de Carlitos é, para Merton, o retrato da adaptação do tipo IV. Não tendo força para vencer a agressão contra os pequenos, ele está sempre escapando por ruelas e becos das autoridades.

Drummond no "Canto ao Homem do Povo Charlie Chaplin"[11] nos diz a identificação que a figura de Carlitos vai despertar nos deserdados:

> Falam por mim os abandonados de justiça, os simples de coração,
> os párias, os falidos, os mutilados, os deficientes, os recalcados,
> os oprimidos, os solitários, os indecisos...

e afirma que toda gente o ama porque todos se assemelham:

> – Inclusive os pequenos judeus
> de bengalinha e chapéu-coco, sapatos compridos, olhos melancólicos,
> vagabundos que o mundo repeliu, mas zombam e vivem
> nos filmes, nas ruas tortas com tabuletas: Fábrica, Barbeiro, Polícia
> [...]

A fuga pode ser individual, solitária, e sobreviver nas fímbrias do sistema, mas também é possível a integração na subcultura de um grupo divergente.

---

10. A. Kardiner, *The Psychological Frontiers of Society*, New York, Columbia University Press, 1948, p. 369.
11. C. Drummond, "A Rosa do Povo", *Obras Completas*, Rio de Janeiro, Aguilar, 1964.

V. A REBELIÃO reúne os que desejam uma sociedade nova e, consideram arbitrários os fins da estrutura presente, tanto quanto os meios. Mais que arbitrários, ilegítimos.

Na sociedade nova o mérito e o esforço corresponderiam a uma justa recompensa. Não confundir com o ressentimento do pobre com mente burguesa ou dos que parecem desprezar os ricos porque "as uvas estão verdes".

Max Scheler[12] faz do ressentimento análise complexa, pois nele convivem hostilidade impotente com aceitação de valores: "as uvas estão verdes", mas na verdade a raposa queria muito o cacho de uvas que seu pulo não alcançava.

Um mito conservador diria que a insatisfação pertence à ordem das coisas seja qual for o sistema social. Desemprego, greves, depressões econômicas acontecem às vezes, naturais como o ciclo das marés ou a órbita dos astros. É a doutrina do inevitável que prega o ajustamento psicológico e desvia a hostilidade contra a injustiça para o indivíduo marginal ou fracassado. Mas há mitos que tiram sua força de um futuro utópico ou mesmo de movimentos passados que alimentam lutas presentes.

Na rebelião há rejeição de valores dirigidos para obtenção dos bens que não são partilhados com equidade e justiça. Antes de tudo, a rebelião é uma *transvaloração*.

Denunciando o mal da estrutura presente, busca-se uma estrutura alternativa. A crise pode vir de um momento de lucidez em que fins e meios se nos revelam. Mas daí a passar a uma ação política organizada há um longo e sofrido percurso.

Fica evidente que essa estrutura social produz tensões que

---

12. M. Scheler, *apud* Merton, cit.

conduzem à anomia e ao comportamento divergente. Como se dá a *passagem* de uma para outra forma de adaptação?

Para compreendê-la encontramos bom exemplo na novela "O Capote" de Nicolai Gógol[13].

* * *

Havia num certo departamento um funcionário que era ruivo, pequeno, encarquilhado. Além do mais, calvo na fronte, míope e com rugas a vincar-lhe o rosto.

Atendia pelo nome de Akaki Akakiévich.

Mas, deixemos Gógol descrever o seu ambiente de trabalho:

> Ninguém se lembra direito em que época Akaki Akakiévich entrou para o departamento, nem por recomendação de quem. Os diretores, chefes de serviço e demais funcionários podiam mudar o quanto quisessem; lá está ele sempre no mesmo posto, na mesma atitude, ocupado com o mesmo trabalho de expedidor, e isso a tal ponto que se foi criando aos poucos a noção de que teria vindo ao mundo já homem feito, de uniforme e crânio pelado. No departamento não havia quem lhe testemunhasse a menor consideração. Longe de se levantarem quando passava, os contínuos davam-lhe tanta atenção quanto a mosca voando. Os superiores tratavam-no com uma frieza despótica. Qualquer novo subchefe deitava-lhe a papelada sob o nariz sem dar-se sequer ao trabalho de dizer: "Podia, por obséquio, me copiar isso" ou "Aqui tem um bom processozinho", ou qualquer fórmula agradável, como é costume entre burocratas bem-educados. Sem um olhar para a pessoa que lhe impunha a tarefa, sem a preocupação de verificar se a dita pessoa tinha ou não o direito de dá-la, ele tomava o papel e punha-se a escrever.

---

13. N. Gógol, "O Capote" (1835), *Maravilhas do Conto Russo*, trad. Edgar Cavalheiro, São Paulo, Cultrix, 1967.

Poderíamos afirmar por esses dados que estamos em presença de uma personalidade conformista que não reage ante as provocações. Não se indigna com o tratamento que recebe porque se vê insignificante.

O humanismo amargo de Gógol o desenha ainda como um humilhado que recebe na cabeça os detritos alheios que se prendiam ao seu chapéu:

> Não havia momento em que não tivesse, grudado à roupa, algum fiapo de linha ou pedacinho de palha; e o que é mais: possuía a arte de se encontrar sob uma janela, no momento preciso em que alguém despeja, por ela, toda a espécie de detritos.

No entanto, ele não se sentia infeliz porque, no correr dos anos, o pequeno escrevente de "um certo departamento" vai encontrando prazer nas linhas de sua bela caligrafia limpa e fluente. Veja-se então o que seria uma adaptação ritualista ao meio impiedoso da burocracia do qual Gógol nos dá um retrato perfeito:

> Dificilmente se encontraria um homem tão fundamente apegado a seu emprego como Akaki Akakiévich. Trabalhava com zelo; não, é dizer pouco: trabalhava era com amor. Aquele eterno transcrever parecia-lhe um mundo só dele, sempre agradável, sempre novo. O prazer colhido refletia-se sobre suas feições e, quando chegava então à caligrafia das letras suas favoritas, não parecia mais o mesmo, sorrindo, piscando, remexendo com a boca como para se ajudar na tarefa, de tal modo que se podia ler no seu rosto cada letra que a pena lhe traçava. Fosse o seu zelo recompensado da maneira devida e ele teria, sem dúvida, chegado, não sem surpresa sua, ao título de conselheiro de Estado; mas outra coisa não obtivera, para usar a expressão de seus jocosos colegas, senão uma medalha de latão na lapela e hemorroidas no fundo das calças.

Se algo ameaçador ele receia, é a inovação. Quando um chefe para recompensar seu longo tempo de serviço lhe confia um relatório de memorial destinado a outra administração, Akaki, suando de angústia, recusa a missão e pede para voltar às suas cópias, fora das quais nada parecia existir para ele.

À noite, no seu quartinho, após tomar a habitual sopa de repolho acompanhada de um bife acebolado, ele não via distração melhor que sacar da gaveta o tinteiro e copiar documentos trazidos da repartição. Escolhia por prazer as peças interessantes pelo estilo, dirigidas aos figurões ocupantes de altos cargos.

Os colegas mais moços faziam a seu respeito tantas piadas quantas lhes permitia o espírito administrativo. Contava-se, mesmo na sua presença, toda espécie de anedotas inventadas sobre ele: – que apanhava da proprietária de seu prédio, velha de setenta anos – e ainda lhe perguntavam quando é que ia casar com ela. Bolinhas de papel vinham-lhe frequentemente em cima: – "uma chuva de neve", como exclamavam. Akaki Akakiévich, porém, não respondia uma palavra a tudo isso, comportando-se como se não tivesse ninguém diante dele. Sem se deixar em absoluto distrair do trabalho, todas essas impertinências não conseguiam fazê-lo cometer um só engano. Se a brincadeira passava dos limites, se alguém lhe empurrava o cotovelo, a querer tirá-lo da tarefa, contentava-se em dizer:

– Deixem-me! Não veem que me estão magoando?

Havia qualquer coisa de estranho nessas palavras. Ele as pronunciava num tom tão patético que, de uma feita, um jovem recentemente admitido no departamento e que tinha julgado de bom alvitre imitar os colegas e escarnecer do coitado estacou como que ferido no coração. Desde então o mundo assumiu a seus olhos um novo aspecto; uma força sobrenatural parecia desviá-lo dos camaradas que, de início, tinha tomado por pessoas de trato. E por muito tempo, por muito tempo a partir desse dia, mesmo no correr das minutas mais divertidas, ele pensou no pequeno funcionário de testa calva, ouvindo suas penetrantes palavras.

– Deixem-me! Não veem que me estão magoando?

E nessas penetrantes palavras ressoava o eco de outras palavras: – "Eu sou teu irmão!" O infortunado jovem cobria então o rosto e, mais de uma vez, durante sua existência, haveria de estremecer ao ver o quanto o homem carece de humanidade, ao constatar o quão grosseira é a ferocidade que se encapa sob as maneiras mais polidas, mesmo – ó meu Deus! – naqueles que o mundo considera pessoas honestas e de bem...

Deparamo-nos aqui com um belo momento de transvaloração em que meios e fins sociais se revelam com toda crueza.

O jovem funcionário *enxerga*: o rosto do outro é infinito, diz Levinas: quem poderia indagar as profundezas insondáveis da sua interioridade?[14]

No rosto do outro, ainda com Levinas, há um mandamento, uma ordem, como se um mestre me falasse. Sou a primeira pessoa onde se encontram as fontes para responder a esse apelo; o *eu* diante do *outro* é, pois, infinitamente responsável. Se o sujeito da percepção se subtrai a essa responsabilidade, pratica deserção. Dessa deserção, que é o egoísmo, nascem as dimensões da hierarquia, do prestígio e da humilhação.

* * *

Quem entra em cena agora é um poderoso inimigo dos pequenos funcionários que vive emboscado em Petersburgo para saltar sobre os que recebem magros rublos de vencimentos: o inverno.

Pela manhã, quando partem para seus departamentos, o frio é tão penetrante e ataca com tal violência que arranca lágrimas

---

14. E. Levinas, *Ética e Infinito*, Lisboa, Edições 70, 1988.

até dos altos funcionários, e aí os menores se encontram mesmo sem defesa.

Só lhes resta uma única oportunidade de salvação: envolverem-se em seus ralos capotes e ganhar correndo, através de cinco ou seis ruas, o vestíbulo do seu departamento e ali ficar sapateando até se desgelarem as faculdades necessárias ao cumprimento dos seus deveres profissionais. Havia já algum tempo que Akaki Akakiévich, portanto, percorria na volada a fatal distância; assim mesmo se sentia transido, especialmente nos ombros e nas costas. Chegou ao ponto de se perguntar se não seria acaso culpa de seu capote. Examinou-o à vontade em casa e descobriu que em dois ou três lugares, precisamente nas costas e nos ombros, o tecido tinha adquirido a transparência da gaze e que o forro havia a bem dizer desaparecido. É preciso saber que o capote de Akaki Akakiévich servia também de alimento aos sarcasmo de sua repartição. Tinham-no mesmo destituído do nobre nome de capote para tratá-lo desdenhosamente de "capota". De fato, a peça apresentava um aspecto bizarro: a gola diminuía de ano para ano e isso porque servia para remendar outras partes.

Akaki compreendeu que chegara a hora de mostrar seu capote ao terrível alfaiate Petrovich: nós o encontraremos sentado sobre a mesa, à maneira de um paxá turco, onde pontificava sobre retalhos e meadas de linha. Quando embriagado, assustava os fregueses com preços exorbitantes.
Inútil convencê-lo a remendar o capote que estava no fio e que o primeiro pé de vento levaria embora.
Petrovich mostra-se insensível às súplicas de Akaki que afinal se rende e começa a economizar, pensando num capote novo. Não tomou mais chá a noite e não acendeu mais a vela. Na rua, andava bem depressa e na ponta dos pés a fim de poupar as solas. Uma noite resolveu privar-se da própria janta, e

como sonhasse todo o tempo com seu futuro capote, o sonho o alimentou por longos meses.

Foi num... Eu não saberia, para ser franco, precisar o dia em que finalmente Petrovich entregou o capote. Sem dúvida Akaki Akakiévich não conheceu dia mais solene em todo o curso da sua existência. Era uma manhã, antes da partida para o Ministério, e o capote não poderia ter chegado mais a propósito, enquanto os frios já intensos ameaçavam tornar-se rigorosos. Petrovich levou ele mesmo o capote, como deve fazer um bom alfaiate. Jamais Akaki Akakiévich vira em alguém uma expressão tão importante. Petrovich parecia plenamente convicto de que tinha executado a grande obra de sua vida e entrevisto de um só golpe o abismo que separa o alfaiate de um remendão. [...] Com um olhar orgulhoso examinou um instante a sua obra-prima e, depois, estendendo-a nos braços, jogou-a habilmente nas costas de Akaki Akakiévich; em seguida, após haver esticado o tecido atrás, envolveu Akaki Akakiévich à maneira dos cavaleiros.

Depois corre em disparada para a rua e aparece de vez em quando na calçada, de chofre, para apreciar o efeito de sua obra mais uma vez de frente para Akaki.
Aquecido e com um sorriso de "terno encantamento" ele caminha para o trabalho.
Na repartição a notícia espalhou-se como rastilho de pólvora. Para festejar o capote novo o subchefe o convida para um sarau, à noite, em sua casa.

*　*　*

"Há uma hora, em que o céu cinzento de Petersburgo se obscurece totalmente."
É a hora em que os funcionários suspendem o ranger das pe-

nas, as idas e vindas da repartição e se consagram ao fecho do dia. Lançados nas ruas, a cidade penetra neles. São Petersburgo é uma cidade artificial que Pedro, o Grande, mandou construir entre ilhotas e canais do Rio Neva.

À noite se reflete como um cenário irreal nas ruas e dela emana uma aura mágica.

Esse caráter dá aos palácios um aspecto fantasmagórico. Um dos seus poetas Óssip Mandelstam descreve a impressão que Petersburgo causa:

"Sempre me pareceu que alguma coisa muito esplêndida e muito solene estava para acontecer em Petersburgo."

Porém, tornada capital, arrastou para si a burocracia tzarista com a multidão de servidores menores. Para esses, dificilmente oferece algo de esplêndido.

A intensa comunicação que a vida urbana promete, para muitos, é ilusória e aprofunda seu isolamento e impotência.

Multiplicando infinitamente a visão de objetos desejáveis, aumenta seus anseios na claridade enganosa das vitrinas[15].

O consumo tem a mesma aura espectral da cidade à noite.

Os pequenos funcionários passam como sombras pela férica Perspectiva Névski e se dispersam em minúsculos aposentos mobiliados à custa de privações sem fim.

---

15. A saga dos funcionários pobres se estende em obras da literatura russa como *O Cavalheiro de Bronze* de Púchkin; *Gente Pobre, O Sósia, O Homem do Subterrâneo* de Dostoiévski. Marshall Berman em *Tudo o que É Sólido Desmancha no Ar* (São Paulo, Companhia das Letras, 1987) estuda essas obras. No Brasil, José Paulo Paes acompanha a trajetória dos "pobres diabos" de nossa literatura como Luís da Silva de *Angústia* (Graciliano Ramos), Isaías de *Recordações do Escrivão Isaías Caminha* (Lima Barreto) e Naziazeno de *Os Ratos* (Dionélio Machado)... Ver "O Pobre Diabo no Romance Brasileiro" em *A Aventura Literária*, São Paulo, Companhia das Letras, 1990.

À volta de um samovar bebem um copo de chá com "biscoitos de vintém" a rir dos episódios do dia com os colegas.

Akaki, que jamais partilhava desses modestos prazeres, é compelido a aceitar o convite e sair, "nessa hora em que o céu cinzento de Petersburgo se obscurece totalmente".

Vai se afastando das ruas desertas e escuras onde mora e, à medida que se aproxima do seu destino, as luzes se tornam brilhantes, ele cruza com damas elegantes e cavalheiros com golas de peles. Passam trenós e carruagens soberbas.

Ei-lo chegando ao sarau: os convivas, as mesas repletas, as velas, aparecem aos seus olhos deslumbrados.

Todos gracejam, festejando seu capote e o forçam a tomar champagne.

À meia-noite consegue escapulir e, caminhando, chega de novo às vielas solitárias que precisa percorrer. As lâmpadas vão se espaçando e começam a piscar; o mundo parece ter se esvaziado, surgem casebres de madeira.

É preciso ainda atravessar grande espaço deserto num mar de trevas. Sente medo, como se pressentisse o infortúnio. E de fato, ouve uma voz trovejante:

"– Espera, esse capote me pertence!"

Akaki foi despojado do seu capote e uma joelhada no estômago o fez rolar na neve, sem sentidos.

Daí por diante, a vida de Akaki se tornou uma procura febril para reaver o agasalho. Envolvido na velha capota, mais miserável que nunca sob o frio cortante, vai dar queixa ao comissário de polícia e é tratado como suspeito.

Afinal busca ajuda de um "personagem importante" recomendado pelos colegas de trabalho. Esse encontro é um documento sobre assimetria social dos mais pungentes que se conhecem.

Akaki com voz entrecortada emite sua queixa e o "personagem" responde:

– Sabe com quem está falando dessa maneira? Compreende na presença de quem se acha? Compreende? Compreende? Vamos, responda!

Essa última frase ele a emitiu batendo com o pé e a voz num tal diapasão que gente mais segura que Akaki Akakiévich teria perdido o prumo. Akaki Akakiévich sentiu-se prestes a desfalecer: tremia-lhe o corpo todo, suas pernas vacilavam e, se os contínuos, atraídos pelo ruído, não o houvessem recebido nos braços, ter-se-ia infalivelmente estendido a fio comprido no assoalho. Levaram-no quase sem sentidos.

Desceu a escada e empurrado pelos turbilhões de neve chega em casa onde vai morrer, após dias de delírios que giravam sempre em torno do capote.

O departamento só tomou ciência de sua morte quatro dias depois que fora enterrado.

Logo foi substituído por outro funcionário com boa caligrafia.

Entretanto Akaki Akakiévich não havia ainda encerrado sua demanda. Quem poderia supor que ele continuaria a procura? Modesto e obscuro na vida, trabalhando em silêncio sob as zombarias dos colegas, viveria depois da morte barulhentas aventuras.

Espalhou-se subitamente em Petersburgo o ruído de que o espectro de um funcionário aparecia à noite nos arredores da ponte Kalinkine. Sob pretexto de reaver um capote roubado, o espectro arrancava aos transeuntes de todas as condições os seus próprios, fossem eles acolchoados ou forrados, tivessem gola de gato, castor, pelicas de astracã, de urso ou de raposa; em resumo: todas as peles de que se utilizam os homens para recobrir as suas. Um dos antigos colegas do falecido chegou mesmo a ver com seus olhos o fantasma, no qual reconheceu imediatamente Akaki Akakiévich; porém não teve tempo de o examinar de perto, pois o pavor o fez fugir na disparada, tão cedo avistou o que de longe o ameaçava.

De todos os lados afluíam queixas; os roubos ameaçavam resfriar não só os cidadãos remediados mas até os conselheiros da corte.

A polícia recebeu ordens severas de agarrar o espectro vivo ou morto e certa vez chegou a deitar mão na gola do defunto quando este arrancava o capote de um flautista aposentado. A aparição, porém, sumiu de forma vertiginosa deixando em tal assombro os guardas que eles receavam prender até os vivos. Contentavam-se em advertir algum suspeito, de longe: "– Ei, vai seguindo seu caminho, ouviu?"

Certa noite em horas tardias, estava aquele "personagem importante" refestelado em seu trenó quando sentiu que o agarravam pela gola. Viu um homem pequeno com velho uniforme desbotado, no qual reconheceu com grande terror Akaki Akakiévich. Era o funcionário-fantasma.

O terror do personagem importante ultrapassou todos os limites quando o morto abriu a boca num ricto e pronunciou estas palavras:

– Ah! Ah! Enfim te posso agarrar a gola! É o teu capote que me convém. Não te dignaste, não é mesmo, mandar procurar o meu e até me passaste uma descompostura. Pois bem, agora dá-me o teu!

O personagem importante que costumava assustar seus inferiores e que fazia tremer seus subordinados quase morreu de horror. Chegou em casa lívido e daí por diante ninguém ouviu de sua boca expressões arrogantes: "– Sabe com quem está falando? Sabe na presença de quem você se acha?"

A partir dessa noite não se ouviu mais queixa de capotes roubados.

As aparições do funcionário-fantasma terminaram. Sua trajetória de submissão, de apego ritual ao ofício, de breve alegria, de agônica procura de justiça, de morte e noturna rebelião havia se cumprido.

4
Apontamentos sobre a Cultura das Classes Pobres

> *Raça de Abel, só bebe e come,*
> *Deus te sorri tão complacente.*
> *Raça de Caim, sempre some*
> *No lodo miseravelmente.*
>
> BAUDELAIRE

A Cultura Vista de Fora

Quando desejamos compreender a cultura das classes pobres percebemos que ela está ligada à existência e à própria sobrevivência destas classes.

O primeiro problema que nos aparece é o das fontes: qual deve ser o informante privilegiado para o estudo das condições em que vivem as classe pobres? Estas foram descritas na obra de cientistas sociais depois da Revolução Industrial: de Halbwachs a Touraine, de Marx aos estudos psicossociais da chamada "cultura da pobreza".

De outro lado, existem ideias do que seja cultura na cabeça de seus próprios viventes; ideias que podem alcançar expressão, que podem chegar até nós, ou que podemos buscar no seu meio de origem.

Várias são as fontes, vários os depoimentos, várias as testemunhas: os próprios sujeitos-viventes, os quadros estatísticos, descrições de observadores, teorizadores...

E os depoimentos privilegiados dos observadores-participantes que, por motivo de fé religiosa ou política, assumiram a condição dos observados.

A expressão "observador participante" pode dar origem a interpretações apressadas.

Não basta a simpatia (sentimento fácil) pelo objeto da pesquisa, é preciso que nasça uma compreensão sedimentada no trabalho comum, na convivência, nas condições de vida muito semelhantes.

Não bastaria trabalhar alguns meses numa linha de montagem para conhecer a condição operária. O observador participante dessa condição por algum tempo tem, a qualquer momento, possibilidade de voltar para sua classe, se a situação se torna difícil.

Segundo Jacques Loew[1], é preciso que se forme uma *comunidade de destino*, para que se alcance a compreensão plena de uma dada condição humana. Este conceito, que nós retrabalhamos para trazê-lo à Psicologia Social, já exclui, pela sua própria enunciação, as visitas ocasionais ou estágios temporários no *locus* da pesquisa. Significa sofrer de maneira irreversível, sem possibilidade de retorno à antiga condição, o destino dos sujeitos observados.

---

1. *Journal d'une mission ouvrière*, Paris, Ed. Du Cert, 1959.

* * *

De todas essas fontes nos podem vir conhecimentos, apesar de suas limitações.

Um exemplo que vai nos aproximar do problema é o da compreensão dos depoimentos.

Se tivermos o cuidado de passar para a escrita a fala popular, sentiremos de imediato a diferença em relação à que chamamos fala culta.

Os conteúdos de consciência que buscamos vão apresentar-se como substância narrável reveladora do que os sociolinguistas denominam "código restrito". Os desníveis e fraturas da elocução costumam ser diagnosticados como signos de um contexto de "carência cultural".

Mas os recursos expressivos dessa fala podem não se atualizar no abstrato, e sim no concreto, no descritivo e numa concisão que se acompanha do gesto e do olhar. Num "encolhimento" do código que repousa na compreensão do outro. Compreensão sedimentada no trabalho comum, na convivência, nas condições de vida muito semelhantes.

Mas como pode o pesquisador desvendar as expressões desta substância narrativa, se ele se aproxima apenas periodicamente do grupo e revestido pelos signos de seu *status* social, signos visíveis para o sujeito que ele entrevista?

Que diremos de nós mesmos como interlocutores? Nós, cuja razão nega, mas cuja vida de todo dia aceita a divisão de classes? Esse *não* da razão é acompanhado pelo conjunto de nossas atitudes que dizem *sim* ao sistema.

Pois bem, essas atitudes se traduzem em signos na nossa expressão corporal, na roupa, na fala, que também são captadas pelos dialogantes da classe pobre.

Voltaremos nossa atenção para o que é menos elaborado pela consciência: a inflexão e a entonação da voz, aspectos mais espontâneos que o código empregado.

Quando se perguntou para uma mulher do povo se ela veio de longe, e a resposta foi:

"– É, é um bocado. Dá pra vir".

Estamos diante de um código restrito e fraturado: ausência de sujeito, indeterminações sintáticas e semânticas, falta de adjetivação precisa... Mas a inflexão da voz que vem do cansaço, a sintaxe vaga que vem da fadiga crônica, o gesto de alongar o queixo e a cabeça para o caminho são expressivos em si.

Em vez de restrito seria mais próprio chamar conciso ao código que, na certeza de não ser comunicável, depõe *a priori* as armas do diálogo.

Na raiz da compreensão da vida do povo está a fadiga.

Não há compreensão possível do espaço e do tempo do trabalhador manual se a fadiga não estiver presente e a fome e a sede que dela nascem.

E as alegrias que advêm desta participação no mundo através do suor e da fadiga: o sabor dos alimentos, o convívio da família e vizinhança, o trabalho em grupo, as horas de descanso.

Escreveu Simone Weil em seu diário: "Nulle poésie concernant le peuple n'est authentique si la fatigue n'y est pas"[2].

* * *

Aceitemos pois as cisões, as contradições que nos separam da fala e da entonação popular e que transcendem a divisão cultura popular *x* cultura erudita.

2. "Nenhuma poesia referente ao povo é autêntica se nela não estiver presente a fadiga." S. Weil, *A Condição Operária e Outros Estudos sobre a Opressão*, Rio de Janeiro, Paz e Terra, 1996.

São dois grupos que se defrontam:
– um, cujas realizações culturais significam socialmente;
– outro, cujas realizações assumem significação quando postas em oposição à cultura dominante.

Enquanto não articulada com a nossa, aquela cultura é *a outra* para nós, o folclore, a fonte vital do diferente.

Estivemos até agora examinando as testemunhas da cultura das classes pobres. Embora pesem sobre elas restrições podem alcançar um alto grau de respeitabilidade. Isto se dá no caso de intelectuais cuja função tem sido um serviço constante aos explorados. Gramsci é um exemplo. Ou daqueles que foram viver a condição operária e mergulharam na periferia das metrópoles ou no campo como fermento na massa e como sal da terra.

Se o testemunho dessas pessoas se reveste de respeitabilidade, com mais força de razão deveríamos procurar outra fonte: os depoimentos dos trabalhadores que alcançaram, através de uma vida intensa das condições de sua classe, uma consciência militante. No trato desses depoimentos devemos ficar muito atentos a toda centelha de consciência. Atrás deles está uma pessoa que percebe, luta, cujas mãos tecem o tecido vivo da história; seguremos com força os fios dessa trama.

Esses momentos privilegiados de consciência redimem as lacunas no existir diário que pode ser, para tantos, "o cotidiano, isto é, o falso" de Luckács.

A Cultura Vista pelo Trabalhador

Existe uma cultura vivida e uma cultura a que os homens aspiram. Os psicólogos sociais forrados de uma concepção ideológica de cultura falam em necessidade, privação, carência cultural. Representações e valores se agrupam em torno do eixo: adquirir cultura.

Seria a cultura um elemento de consumo, pois?

Ou é uma oposição e uma superação do natural, um desabrochar da pessoa na vida social?

A concepção da cultura como necessidade satisfeita pelo trabalho da instrução leva a atitudes que reificam, ou melhor, condenam à morte os objetos e as significações da cultura do povo porque impedem ao sujeito a expressão de sua própria classe.

As operárias que tivemos oportunidade de ouvir sentem um fortíssimo desejo de instrução, quando não para si, para os filhos: livros comprados em pesadas prestações mensais, jornadas inteiras de trabalho para aquisição de um só livro e a contínua frustração de se sentirem enganadas pelos promotores de cultura.

No meio operário são as revistas que anunciam cursos e coleções, os livreiros-volantes que rondam com suas peruas Kombi as fábricas na hora de saída dos trabalhadores. É o momento de impingir os refugos das editoras, encadernados e com títulos dourados para corresponder à expectativa do pobre que vê nos livros algo de sagrado. Esses refugos irão para o lugar de honra da sala e as coleções muitas vezes são guardadas zelosamente para os filhos.

Um livro em três volumes pode custar, como verifiquei, 67 horas, ou oito dias e quase três horas de trabalho operário.

Mas é preciso enxergar os matizes desse desejo de instrução.

Escutando os militantes franceses, Chombart de Lawe percebeu que a cultura não é um conjunto de conhecimentos a assimilar, mas é o fruto de um esforço comum a todos "para compreender melhor o que se passa em volta de nós e explicar aos outros".

"Seria preciso tirar desta palavra o que atemoriza, humilha as pessoas, talvez realizá-la sem falar nela", eis o desejo de um operário.

Se a promoção das classes pobres depende da instrução, na cidade ou no campo, se é preciso reivindicar o direito à ciência e à arte, essa luta é já, em si, uma fonte de cultura.

O mais importante, talvez, nessas preocupações é que as necessidades a que o aprendizado responde sejam algo ainda desconhecido: algo a descobrir, algo a decidir depois. Como se o conhecimento fosse uma negação daquilo que se é e uma contínua descoberta do que se poderia ser. Um "poderia ser" que conservasse dentro de si os mesmos traços da vida experimentada no bairro, na família, na oficina, na roça.

É bom poder escolher, mudar de rumo; as representações da cultura estão sempre ligadas às de liberdade. Uma operária de São Paulo ligava o seu desejo de leitura com o medo de que seu filho e as outras crianças continuassem como estavam. O receio dos livros sem proveito, do "livresco", está sempre presente nas conversas com trabalhadores. É preciso algo que enriqueça a vida e o trabalho "que era belo e ficou feio", no dizer de um metalúrgico.

O livro deve transmitir algo do homem experiente no seu mister e que merece respeito quando o explica aos outros.

Forte predileção nas leituras de operários é pelo conhecimento das outras pessoas, do que elas pensam, de como vivem. "Como posso situar-me entre os outros homens? Como respondem elas à mesma situação em que nos encontramos? O que é a nossa classe? Quem é como a gente?"

"Nada que é humano me é alheio", frase predileta de Marx, é uma constante na alma operária.

A cultura aparece sempre como uma terra de encontro com

outros homens, para uma classe dobrada sobre a matéria, segregada como se fora uma outra humanidade.

Se existem duas culturas, a erudita terá que aprender muito da popular: a consciência do grupo e a responsabilidade que advém dela, a referência constante à práxis e, afinal, a universalidade.

E se um dia a classe pobre alcançar a gestão sobre seu destino, a sua cultura não deixará de englobar os valores dos que trabalham, valores que se opõem aos dos que dominam. Valores como o interesse verdadeiro pelo outro, a maneira direta de falar, o sentido do concreto e a largueza em relação ao futuro, uma confiante adesão à humanidade que virá, tão diferente do projeto burguês para o amanhã, da redução do tempo ao contábil que exprime o predomínio do econômico sobre todas as formas de pensamento.

E, quem sabe, a nossa cultura ganhará o que perdeu: o trabalho manual, o cultivo da terra, a ligação religiosa com o Todo.

Unidade e Diversidade

Até agora temos descrito traços da cultura representada e expressa por operários e operárias.

A fisionomia que se delineia entre nós não será muito diversa da vislumbrada por estudiosos de outros países.

Que existe uma unidade de símbolos, de valores, de representações é algo de assente, porque o conteúdo concreto de consciência acompanha os meios materiais de sobrevivência.

Mas o que nos atrai de maneira particular são os movimentos de diferenciação que, partindo da vontade, operam sobre o mundo. Combinam sob forma nova os fragmentos de matéria de um meio que é anômico, os detritos e migalhas da sociedade industrial, imprimindo a esses conjuntos o encanto que só poderia emanar da classe voltada como nenhuma outra para os valores de uso.

Entremos num recanto descurado e mísero do município de Osasco, na periferia de São Paulo. Talvez seja o bairro que se abriga atrás das refinarias da Via Castelo Branco. A fábrica absorveu e desfigurou o bairro, imprimindo o seu selo de esqualidez às ruas e às casas cujas cores rouba e cuja fisionomia rói. Quando o trator raspa esses claros de terra vermelha, arranca a camada escura de terra mãe, que é fértil e tem húmus, condenando o solo à esterilidade[3]. Nunca mais o morador poderá plantar nele uma simples bananeira, e os mananciais de água secam. Assim começam os loteamentos populares, já de início roubados de sua terra mãe. Os tratores abriram gangrenas incuráveis ao redor da fábrica, onde se aninham as moradias.

Quando o novo morador chega, começa por comprar tábuas velhas de construção e erguer seu barraco, ficando-lhe desse início uma dívida que para ser saldada cobre três meses de trabalho.

Aqui, a desordem da extrema pobreza faz crescer essas tábuas sobre barrancos a pique, de acesso difícil porque a enxurrada cava abismo nos sopés. Restou a cor morta da terra despojada de húmus, a cor de madeira apodrecida. Sofrendo a constante erosão da chuva nos barrancos e a ventania, as paredes são precárias. A casa, o corpo e o trabalho vivem sob o signo da insuficiência: não vá o intruso forçar a porta de madeira compensada que defende seu interior, sacudir com passos apressados a engenharia delicada do barraco.

---

3. Se lembrarmos que a palavra homem deriva de húmus, terra plantável, terra viva, compreenderemos como se desumanizou a terra.

Todo o colorido foi sugado pelos cartazes da indústria, pelos letreiros, pelo verde do ajardinamento de seus declives.

A iluminação fria do mercúrio roubou a noite do bairro, roubou o negrume que rodeia o sono e ameniza o cansaço.

No entanto, dê-se tempo ao tempo.

Depois da absorção do bairro pela fábrica há um movimento contrário, lento, inexorável de desabsorção.

A casa vai crescendo junto ao poço, ganhando cômodos de tijolo, alterando sua fachada. Isto pode levar dez, quinze anos.

A rua vai ganhando uma fisionomia tão peculiar que às vezes já não identificamos uma série de casas planejadas e outrora idênticas. Temos observado esse movimento lento e contínuo de diferenciação seja nos bairros de Goiás, planejados pelo BNH, como a Redenção, seja na zona mais esquálida de Osasco. Há uma composição paciente e constante da casa no sentido de arrancá-la à "racionalização" e ao código imposto.

Em abril e maio algumas ruas mudam de cor: o milho e as abóboras estendem sua folhagem amarelada nos mínimos espaços possíveis. Se o bairro pudesse, ele seria semirrural, pois ainda vive tão atraído pelo rural que resiste muito ao cimento, ao cimentado no quintal que cobre a terra, que amordaça a planta, que queima a sola dos pés, preferindo o terreno bem batido, onde um dia poderá nascer uma roseira, um pé de laranja, um capim.

E o que dizer do interior das casas?

A matéria-prima destas casas são os móveis fracos de compensado, as fórmicas, os pés tubulares de metal, o plástico. No entanto, com essa matéria-prima vai-se compondo o ambiente em que a família se reúne, acolhedor, quente e agradável, onde é bom estar.

O retrato de casamento na parede, a folhinha[4], os cromos em que a natureza e o homem convivem felizes, os retratos dos ausentes, de um irmãozinho morto há vinte anos atrás... Aquilo que é a essência da cultura, o poder de tornar presentes os seres que se ausentaram do nosso cotidiano. Talvez aquele toque ideal de intimidade e calor que os decoradores procuram dar em vão às salas burguesas: sofás superestofados, objetos escolhidos a dedo que, quanto mais diferenciados e pessoais procuram ser, mais nos rodeiam da monotonia dos valores de troca.

Se o migrante chega à cidade com raízes partidas, ali reinsere muitos traços da cultura popular que resistem à erosão.

O bairro começa a aparecer como um depósito de restos da sociedade industrial, de cujos detritos se faz a bricolage nos barracos[5]. Mas vai se confirmando, se erguendo, um borburinho constante chega a nossos ouvidos, ruídos de cantos e trabalhos, queixas e risadas... o riso aí é frequente por causa das ruas cheias de crianças.

Torna-se lugar de uma sociabilidade calorosa na sua rede de parentesco e vizinhança que se estende aos bairros vizinhos. E num domingo de manhã tem cheiro de roupa lavada, de comida no forno, com vizinhos na porta, ranchos de mocinhas, muitas crianças reinando.

Tudo transfigurado pelo sol como se fosse um domingo sem segunda-feira!

---

4. A folhinha sempre consultada para nomear o santo do dia e, conhecendo as fases da lua, saber o que se planta e o que se colhe, o que se cria, que madeira se pode cortar... e muitas outras curiosidades.
5. Sylvia Lerser de Mello, *Trabalho e Sobrevivência*, São Paulo, Ática, 1988, descreve a vida num bairro, tendo seguido o trajeto de migração do interior de Minas para Carapicuíba (São Paulo), oferecendo-nos uma análise tão densa quanto original.

* * *

É claro que a pobreza persegue esse movimento de diversidade desde o instante em que ele desfere o seu voo.

Há matizes do cotidiano que a simples comparação de orçamentos não revela: a janela aberta para outras janelas vizinhas e sempre abertas, a ausência de um canto para se estar só.

A mobilidade do espaço onde tudo muda de lugar continuamente: a sala que vira quarto, o quarto que vira cozinha, a cama que vira cadeira e onde não há um cantinho estável que não seja abalado pelas necessidades do dia e da noite.

Não seria possível nessa breve comunicação abordar outros exemplos de igual ou maior importância. Lembremos contudo que a divisão da jornada de trabalho fabril em turnos alternados tem desagregado o tempo de vida das classes pobres. Os turnos variam muito mas podem ser assim: numa semana das 7 às 16 horas e noutra semana das 13 às 22 horas.

De todas as operárias que trabalham na seção de enlatamento de óleo, margarina e sabão, numa grande indústria, só uma persistia em conciliar trabalho e estudo, mas estava em vias de abandonar o esforço. Uma queixa constante do operário jovem é de que os períodos de trabalho ora diurnos, ora noturnos, impedem qualquer projeto de estudo, fechando-lhe para sempre o acesso à universidade.

Não só o ritmo natural é violentado no trabalho: todo o organismo é forçado a se dobrar ao ritmo da máquina que determina até a hora da refeição do trabalhador, o que tanto indignava Marx. Os ritmos sociais são também rompidos, as horas de encontro, de refeição, o serão. O ritmo de vida familiar perde toda coerência.

Para Madeleine Debrel[6], o trabalhador compartilha com a matéria fragmentada uma espécie de comunidade de destino.

Ele sofre na sua vida a mesma força que analisa, penetra, perfura e secciona os objetos da indústria.

* * *

Não abordamos a diversidade psicológica, que é a diversidade por excelência, o gosto inesquecível da individualidade.

Nós encontraremos a pessoa, reduzida nas linhas de montagem, embrutecida nos bares, ansiosa nas filas do INSS, paciente nas greves.

Uma resistência diária à massificação e ao nivelamento, eis o sentido das formas da cultura popular.

Empobrecedora para a nossa cultura é a cisão com a cultura do povo: não enxergamos que ela nos dá agora lições de resistência como nos mais duros momentos da história da luta de classes.

Mas essa diversidade caiu no vazio: não há memória para aqueles a quem nada pertence. Tudo o que se trabalhou, criou, lutou, a crônica da família ou do indivíduo vão cair no anonimato ao fim de seu percurso errante. A violência que separou suas articulações desconjuntou seus esforços, esbofeteou sua esperança, espoliou também a lembrança de seus feitos.

---

6. *Nous autres, gens de rue*, Paris, Ed. Du Seuil, 1966.

5
O Trabalho Manual: Uma Leitura de Gandhi

O texto presente nasceu da preocupação com o cotidiano dos que se dedicam às camadas pobres da população; é para eles que se destina.

Na preparação para a militância, o trabalho manual – mais que o exercício físico – é um treinamento privilegiado. Pois a ginástica não tem outra finalidade que fortificar o corpo, ao passo que o trabalho produz bens. Ninguém irá indagar do lavrador se seus músculos são flexíveis, se sua respiração é correta.

Gandhi perguntou uma vez:

De que tipo de serviço as centenas de milhares de homens que povoam a Índia têm maior carência na época atual? Qual é aquele que pode ser facilmente compreendido e executado e que, ao mesmo tempo, auxiliaria a viver as multidões de meus compatriotas esfomeados?

Ele acreditava que o *svadeshi* (serviço fraterno) poderia ser praticado através da roda de fiar que produzia o *khaddar*, tecido feito à mão. O uso do *khaddar* tornou-se um símbolo de independência e de não-colaboração com as empresas estrangeiras.

Palavras em sânscrito como *svadeshi* encerram vários sentidos: nas *Cartas a Ashram*[1], Gandhi se refere a *svadeshi* como libertação da servidão terrestre (p. 77), consagração ao serviço do próximo (p. 78), dever para com a sociedade (p. 79), serviço universal (p. 80), e emprego de artigos de fabricação local (p. 119).

Marx já alude aos hindus mortos de fome pela maquinaria inglesa fazendo ver em *O Capital* os ossos dos tecelões de algodão que branqueavam as planícies da Índia.

Nos seus últimos anos, em congressos na ONU ou em países europeus, Gandhi era visto trabalhando com sua roda de fiar mostrando os vínculos que o uniam a seu povo.

Não porque o artesanato possa substituir o sistema industrial, o que seria utópico nas circunstâncias atuais, mas porque o trabalho manual servia, no caso, de resistência ao imperialismo inglês.

"Vi a miserável refeição dos pobres, insípida, porque ninguém tinha uma pitada de sal para pôr no arroz simples." Esta observação de Gandhi decorre do monopólio de sal que o Império Britânico impusera ao país. Já idoso, ele empreende uma longa peregrinação, caminhando vinte e quatro dias até o mar. Dia 6 de abril de 1930, ele enche uma chaleira de água marinha, acende um fogo com um punhado de gravetos e a põe a ferver. Evaporada a água, recolhe do fundo um punhado de sal. Em todas as praias da Índia, acendem-se milhares de pequenas fogueiras como aquela, sob milhares de pequenas chaleiras.

1. São Paulo, Hemus, 1971.

Ficou evidente o alcance político desse gesto quando os industriais conseguiram a prisão do Mahatama, já com sessenta anos, e o espancamento e cadeia para seus seguidores, cujo crime consistira em produzir com as próprias mãos um saquinho de sal.

Responsabilidade pelo Mundo

Faz parte da estética neocapitalista o desprezo pelas coisas gastas, usadas, com marcas do trabalho e da vida. Preferem-se objetos novos, frios, protocolares. No entanto, os velhos objetos estão impregnados de biografia e de memória.

Gandhi aconselhou vivamente a não jogar fora os objetos quebrados, mas a repará-los, nem abandonar as coisas velhas, mas conservá-las em uso.

Está escrito no *Bhagavad Gita* que aquele que come sem antes oferecer um sacrifício, come alimento roubado. Sacrifício aqui significa o bíblico ganhar o pão com o suor do rosto.

Lê-se no livro sagrado dos Brâmanes: "Aquele que recebe sem retribuir os bens que os deuses oferecem, este certamente é um ladrão". E mais adiante: "Da nutrição originam-se os seres, da chuva nasce a nutrição, do sacrifício nasce a chuva, o sacrifício origina-se na ação" (cap. III, versos 12 e 14).

Diz a comida, no *Mahabharata*, para quem a come: "Aquele que, sem me dar aos deuses, aos monges, aos servidores, aos hóspedes, me consome preparada, na sua loucura prepara um veneno, pois eu é que o consumo, eu sou sua morte".

Se considerarmos o alimento uma encorporação das oferendas do universo à nossa sobrevivência, uma pergunta se formula: e os resíduos do nosso existir? O que acontece aos restos, migalhas, dejetos, cinza, poeira, que deixamos para trás ao viver? Há uma grande irresponsabilidade social quanto aos resíduos.

Deveríamos voltar os olhos para essas migalhas e torná-las objeto de indagação.

Entregues ao consumo e ao desfrute da cultura achamos natural que outrem se encarregue de "questões secundárias": alguém continua cozinhando, servindo, lavando pratos, copos onde bebemos, limpando banheiros, arrumando camas para nosso sono, esvaziando cinzeiros, regando plantas, varrendo o chão, lavando a roupa. Alguém curvou suas costas para o resíduo de outras vidas.

O que poderá mudar enquanto a criança escuta discursos igualitários na sala, mas observa, na cozinha e nos fundos da casa, o sacrifício constante dos velhos e empregados? A verdadeira mudança política dá-se a perceber no interior, no concreto, no miúdo; os abalos exteriores não modificam o essencial.

Uma revolução que não comece e não acabe transformando o cotidiano não merece nosso empenho.

Somos todos limpadores, ensina Gandhi; cada um tem o dever de esconder seus detritos, de apagar os traços residuais de sua atividade, não agindo mal como as indústrias que lançam na natureza seus restos poluídos.

Se a criança não lava seu prato (seria um abalo para a mentalidade burguesa se ela o fizesse), ao menos ela deveria ser consciente de que alguém estará lavando.

Ideal extraordinário seria para a escola criar responsabilidade pelos resíduos de nosso existir: que a nossa passagem pelo planeta não deixasse rastros que fossem pesar sobre outras vidas. Os colégios de elite fazem que os alunos leiam pensadores de esquerda mas não formam politicamente os jovens, só ideologicamente.

A formação ideológica, geradora de discurso, propicia o aparecimento do que chamamos o intelectual. A formação política, segundo Gandhi, propicia mediante esse treinamento corporal, que também é espiritual, o aparecimento do militante.

Preservação da natureza, trabalho, política – dimensões da experiência que a divisão social tem separado – convivem nessa utopia, ou melhor dizendo, nesse belo projeto para o Terceiro Mundo.

* * *

Há muitas maneiras de contemplar as imagens que a percepção nos oferece.

Os psicólogos sociais estão atentos para a articulação fundamental das coisas em figura e fundo. É o que ensina a Teoria da *Gestalt*.

Conforme Solomon Asch, a figura possui um caráter emergente na área que a rodeia, o fundo, que se estende por trás dela.

Os mesmos estímulos que representam a figura, representam o fundo e, no entanto, o percebedor distingue a forma que o contorno delineia.

O limite entre as duas regiões depende de uma organização fenomenal. "A percepção da identidade ilustra, de maneira especialmente marcante, quão decisivos são os fatores relacionais na percepção das coisas ao redor"[2]. Não se trata, entre os dois objetos, de uma identidade de elementos.

A percepção colhe a figura, não por suas condições de parte separada, mas pelo lugar que ocupa no todo.

Não será difícil transpor para outros campos os princípios gestálticos. A estrutura social que conhecemos pressupõe uma vi-

---

2. *Psicologia Social*, São Paulo, Nacional, 1966, cap. III, p. 52.

são onde coexistem figura e fundo. É figura a classe que delineia os contornos nítidos do conhecimento, a classe que desfruta da cultura e do consumo. E, para a emergência da figura, a multidão dos que servem e limpam mergulha no fundo obscuro.

Outra visão teríamos, penetrando o olhar nesse fundo, nele concentrando nossa atenção, até perceber que aí se delineia a verdadeira figura social. A atenção aqui tem o sentido que lhe deu Simone Weil: categoria do espírito, um sair de si mesmo, uma "liberdade em relação ao objeto", segundo Hegel. Creio que há vinculações profundas entre a atenção e o trabalho manual.

A percepção de uma grandeza não reconhecida, a dos socialmente pequenos, deveria ser ensinada à criança e ao jovem antes que eles começassem a viver o tempo da classe dominante que assume o controle da vida social. Enquanto tal controle ainda não tiver submetido a consciência da criança, ela mergulha os olhos encantados no tempo subjacente dos dominados, onde encontra seus vultos familiares.

Quando observa o trabalho do padeiro, do sapateiro, do pintor, suas técnicas lhe aparecem como verdadeira magia. Só um artista poderá reencontrar, mais tarde, nos seres despojados, essa aura perdida.

Exercício útil para o jovem será avaliar as coisas que o rodeiam sob o prisma: "Quantas horas de trabalho operário foram precisas para a confecção desta mesa, deste lápis, desta cadeira?"[3] Perceber no objeto a presença do sujeito, das horas de vida do trabalhador que o criou, substância oculta da mercadoria. Este é um bom início para enfrentar as peripécias da viagem que percorre teoria e ação.

3. *A Condição Operária e Outros Estudos sobre a Opressão*, Rio de Janeiro, Paz e Terra, 1979. Ver "A Gravidade e a Graça".

A Alegria de Recompor o Todo

Muito lutou o educador Celestin Freinet para que a criança aprendesse na escola o trabalho de tipografia para imprimir suas composições. Os resultados foram admiráveis. Os alunos, com os dedos manchados de graxa, aprenderam a responsabilidade do tipógrafo e começaram a depurar suas mensagens e a refletir melhor sobre seu conteúdo.

Composições escolares banais se transformaram em poemas que um artista teria orgulho de assinar.

Mesmo no gesto tão simples de modelar um patinho de barro a criança experimenta o sentimento de criar uma coisa do princípio ao fim com as próprias mãos.

No exemplo da escola Freinet o aluno manuseou os tipos da gráfica, organizou as letras, não delegou a outrem o ato de imprimir.

Desde o primeiro sopro da imaginação até a página acabada, o conteúdo foi se depurando, adquirindo na forma final a concisão de metáfora poética. A criança aprendeu a ser concentrada e forte, acompanhando até o fim a consequência corporal da ideia.

Ah! Se os intelectuais e os políticos tivessem que compor materialmente seus discursos... que peso teriam os enunciados!

Talvez as artes plásticas, desde o humilde modelar no barro até uma escultura, sejam tão confortadoras porque as executamos de alfa a ômega.

O trabalho manual faz parte da verdade e do conhecimento; as mãos que servem e limpam, que fazem e transformam, penetram a natureza das coisas. Têm uma afinidade com o concreto, mesmo quando o trabalhador carente ou fatigado não consegue expressar em outros níveis o que sente.

Preso em 1930, Gandhi escreveu uma série de cartas orientando seus discípulos que ficaram na comunidade de Ashram e se sentiam perplexos e abandonados. Estes jovens se defrontaram com os desafios do capital estrangeiro e do latifúndio na Índia, e Gandhi os fortalecia e preparava para resistir: o primeiro passo para a transformação deve começar nas raízes.

É importante que o jovem assuma pequenas tarefas não como uma carga, mas como um gesto de libertação, de ligação com o todo, um treinamento para levantar voo.

O *svadeshi,* serviço fraterno, implicava a libertação da indústria, do objeto fabricado em série, do artigo estrangeiro, quando este supõe a desigualdade e a opressão.

Abrange, além da renovação da estrutura econômica, inventividade no cotidiano. O trabalho manual assim praticado não é servidão mas criação, transformação da natureza, produção artística, técnica do corpo, enfim, presença do homem no mundo fetichista da mercadoria.

A mediação religiosa em Mahatama Gandhi é antropológica. Parte de dados culturais, de símbolos como *Khaddar* que são fontes de valores para sua gente, ao mesmo tempo arcaico e revolucionário.

Sem a inteligência dessa cultura material vivida, uma nova ordem teria a mesma face da que conhecemos, abstrata, racional e opressora.

O *svadeshi* é uma doutrina de desprendimento e coragem e que tem suas raízes no mais puro *ahimsã*, isto é, no amor pelo povo.

III

QUATRO ESTUDOS SOBRE SIMONE WEIL

1
O QUE É DESENRAIZAMENTO

O enraizamento é talvez a necessidade mais importante e mais desconhecida da alma humana e uma das mais difíceis de definir. O ser humano tem uma raiz por sua participação real, ativa e natural na existência de uma coletividade que conserva vivos certos tesouros do passado e certos pressentimentos do futuro[1].

Estas palavras de Simone Weil foram encontradas em seus últimos escritos. Em Londres, durante a última guerra, ela quis deixar para seus companheiros da Resistência uma verdadeira Carta de Direitos Humanos para quando se reconstruísse a Europa liberta do nazismo.

O presente estudo deseja percorrer esses escritos bem como seu diário na fábrica e aproximá-los da situação brasileira.

Quando duas culturas se defrontam, não como predador e presa, mas como diferentes formas de existir, uma é para a ou-

---

1. Simone Weil, *A Condição Operária e Outros Estudos sobre a Opressão*, Rio de Janeiro, Paz e Terra, 1996, p. 347.

tra como uma revelação. Mas esta experiência raramente acontece fora dos polos submissão-domínio. A cultura dominada perde os meios materiais de expressar sua originalidade.

Quando se fala de enraizamento, não se está pensando em isolar um meio social de influências externas. Se hoje se luta pela demarcação de territórios, pela autonomia cultural do indígena, é porque não existe um todo social de que ele participaria, mas uma sociedade dividida em antagonismos onde ele entraria fatalmente como presa. Isolá-lo do predador é defesa de sua cultura e de sua sobrevida.

A conquista colonial causa desenraizamento e morte com a supressão das tradições. A dominação econômica de uma região sobre outra no interior de um país causa a mesma doença. Age como conquista colonial e militar ao mesmo tempo, destruindo raízes, tornando os nativos estrangeiros em sua própria terra.

No campo brasileiro a conquista acontece sob as formas de monocultura e pastagens. O arroz, a soja, a cana provocam tão forte migração de lavradores que se constituem em genocídio pelo número dos que vêm morrendo no caminho para o Sul.

O arrozal em Goiás despojou o pequeno lavrador. Avançando destruiu sua roça, derrubou a mata, extinguiu a caça e a lenha, secou o olho d'água, invadiu seu cercado de galinhas e criações... formas de vida incompatíveis com a monotonia exclusiva do arroz.

Como pensar em cultura popular em um país de migrantes? O migrante perde a paisagem natal, a roça, as águas, as matas, a caça, a lenha, os animais, a casa, os vizinhos, as festas, a sua maneira de vestir, o entoado nativo de falar, de viver, de louvar a seu Deus... Suas múltiplas raízes se partem. Na cidade, a sua fala é chamada "código restrito" pelos linguistas, seu jeito de viver, "carência cultural", sua religião, crendice ou folclore.

Seria mais justo pensar a cultura de um povo migrante em termos de desenraizamento. Não buscar o que se perdeu: as raízes já foram arrancadas, mas procurar o que pode renascer nessa terra de erosão².

A metáfora de Simone Weil ganharia uma força inesperada se enxergássemos nos loteamentos populares como a terra é raspada pelo trator que condena o solo à esterilidade. Roubando-se a camada de terra-mãe, fértil, escura, o morador fica impedido de plantar no torrão árido e vermelho sobre o qual assenta a casa. E a palavra "homem" deriva de "húmus", chão fértil, cultivável. Assim começam os bairros de periferia, despojando o homem da terra de sua própria humanidade.

Desenraizamento Operário

O migrante vai mergulhar na situação nova da indústria onde o desenraizamento é agudo. Os teóricos da condição operária já descreveram a segregação da classe trabalhadora do resto da humanidade. A própria modalidade da produção em série cria formas de adaptação desenraizadas. A cultura que daí re-

---

2. Ana Dias da Silva relata: "Santo e eu viemos da roça, da região de Bebedouro, somos da terra roxa. Lá a gente plantava e colhia num pedaço de terra do patrão. Quando a situação apertou viemos pra São Paulo, para não virar boia-fria. A raiz da gente se quebrou. Aqui o Santo foi trabalhar na fábrica". Completando o seu depoimento, depois da morte do marido na greve de 1980: "Uma coisa que ninguém sabe é que a gente da roça quando chega aqui tem um medo maior de todos: o medo de passar fome. Sim, porque acostumada a plantar para comer, não vendo nem um pedaço de chão, sem terra nenhuma, a gente se preocupa: – Como vou comer?" Depoimento de 7 nov. 1981, prestado na PUC (transcrição da A.).

sulta é forçosamente confinada e repetitiva. Falta-lhe seiva e deve ser, por destino, tecnicista, fragmentada, voltada para o efeito imediato. Privada ao mesmo tempo, observa Simone Weil, de ligação com o concreto do mundo e com o transcendente.

Uma pessoa em nosso tempo pode pertencer aos meios cultos sem nunca ter pensado no destino humano como os gregos pensaram, ou nunca ter contemplado as constelações visíveis nas diferentes estações.

O desenraizamento é a mais perigosa doença que atinge a cultura. Se a migração e o trabalho operário são desenraizantes, o desemprego é um desenraizamento de segundo grau. Às vésperas do nazismo, o proletariado alemão, que era o mais avançado da Europa em termos de consciência, sofria a crise do desemprego. Sobre a desmoralização da pessoa vagando dia após dia atrás de trabalho cada vez com menos esperança, sobre esse vazio e anomia é que a sombra de Hitler se projetou. Aliás, os primeiros campos de concentração se abriram para operários desempregados (*Arbeitsdienst*).

Simone Weil explica coerentemente a relação entre desemprego e a ideologia nazista que surgiu para a burguesia como salvação nacional da crise.

Os partidos em que os trabalhadores confiavam faziam alianças com o poder:

Isso é o que constitui o caráter trágico da situação atual na Alemanha. Encarregados de defender contra as hordas fascistas a herança do passado, as esperanças do futuro, os operários alemães têm contra si todo o poder constituído, tudo o que está instalado num lugar[3].

3. "As Condições de uma Revolução Alemã", *op. cit.*, p. 160.

Desempregando em primeiro lugar o militante, a crise prolongada vai minando sua disposição de projetar um futuro para si mesmo, para os seus, para a classe. A crise amargura suas relações familiares pela dependência em relação ao parente que trabalha e o sustenta. A palma de suas mãos pode-se afinar com meses de desemprego e as mãos da sua mulher vão-se calejando na dupla jornada de mãe e operária. Vai-lhe faltando a coragem junto com as próprias oportunidades de lutar que lhe aparecem cada vez menos, os companheiros dispersos e ausentes. Ele chora as oportunidades perdidas.

Para sair da crise, só com uma ação conjunta, mas como engendrá-la?

A crise avançando demonstra para o indivíduo que o seu destino é um destino político. O que há de mais íntimo na vida de cada homem só pode encontrar resposta na estrutura social. O que é teoria em tempos normais é agora um fato[4]. O desempregado compreende essa verdade como nunca e procura fazer compreender, convidando antigos e novos companheiros para formar núcleos de resistência.

Se no discurso de um líder sindical, o desemprego é tratado levianamente, já não são mais palavras de um operário. Tais corpos estranhos no discurso de militantes são logo identificados por uma análise atenta que neles percebe o enxerto de outra classe. E nele descobre elementos como a precipitação, o individualismo, a necessidade de autoafirmação, uma espécie de "autoritarismo basista", enfim, a problemática comum aos adolescentes de colégio de segundo grau.

Nada mais desenraizador que certas incursões de intelec-

---

4. "A Alemanha à Espera", *op. cit.*, p. 163.

tuais no meio operário, e que mal imenso elas podem causar! Igrejas e Universidades devem refletir sobre isso.

Lendo relatos de grevistas observamos que, quando a fábrica é ocupada pelos trabalhadores, os locais de jornada diária se transformam em espaço familiar. Nas oficinas ocupadas, os montadores, o pessoal da linha, as mulheres e os horistas travam camaradagem com contramestres e especializados.

Os chamados operários de elite se confrontam com os de vanguarda num diálogo intenso. A classe aprende lições sobre si mesma. Aprende junto às máquinas paradas, nos refeitórios vazios, que é preciso criar ali mesmo um espaço para a solidariedade e que, em todos os sentidos, "a fragmentação é a essência da escravidão"[5].

Esta possibilidade de *estar junto*, essa quebra do isolamento são um bem em si, e talvez o maior dos bens. Simone Weil assistiu à satisfação dos grevistas da Renault, entrando com a família nas oficinas, exibindo sua máquina para a mulher e os filhos[6]. Nenhum pensamento revolucionário nos fornece a descrição concreta dos sofrimentos dos trabalhadores a não ser que eles mesmos tomem a palavra.

Para ouvir essa palavra é que militantes como Simone Weil e Domingos Barbé (esse admirável teólogo) assumiram ambos a vida de metalúrgicos. No caso de Domingos Barbé foi uma partida sem retorno, uma *comunidade de destino*[7].

Nos cadernos que Simone Weil deixou ela descreve o choque do jovem aprendiz que sai da escola e entra na fábrica.

A escola apela para o sentimento de identidade pessoal, exalta a força do indivíduo e a recompensa do mérito. Procura

---

5. Simone Weil, *op. cit.*
6. "A Vida e a Greve dos Metalúrgicos", *op. cit.*
7. Domingos Barbé, *Teologia da Pastoral Operária*, Petrópolis, Vozes, 1983.

despertar no aluno o convívio com as plantas e animais, a curiosidade por terras distantes, pelos naturais de outros países.

Precocemente ele ingressa na fábrica. Da noite para o dia ele se torna um complemento da máquina, *uma coisa* que deve obedecer ao ritmo da produção e não importa quais sejam seus motivos para obedecer. As pessoas de outra classe desconhecem, a não ser em momentos de desagregação e doença, essa vertigem que o aprendiz experimenta, de não mais existir.

Começa para o jovem, para a criança egressa da escola, uma existência dobrada sobre a matéria, atenta às exigências da máquina, segregada como se fora outra humanidade.

O operário imagina uma repetição ininterrupta de peças sempre idênticas, regiões tristes e desérticas que o pensamento não consegue percorrer. Para mudar de região, só através de uma ordem súbita, imprevisível; portanto, de uma humilhação. Este dobrar-se sobre o presente produz uma espécie de estupor[8].

"Simone está certa", diz Domingos Barbé que perdeu sua mão num acidente de trabalho, "a rapidez da cadência e as ordens constantes são o que mais cansa e a fadiga leva ao acidente". Aqui o aprendiz não é incentivado pela professora, nem se pede que suas mãos deixem um traço criador no objeto e se ele se distrai a punição vem rápida e seu sangue espirra nas correias e ferragens.

Essa transição da escola para a vida de trabalho faz das promessas da escola uma impostura.

Entre os mais fortes motivos desenraizadores está a separação entre a formação pessoal, biográfica mesmo e a natureza da tarefa, entre a vida no trabalho e a vida familiar, de vizinhança e cidadania.

---

8. Simone Weil, *op. cit.*, p. 133.

A sirene apitou é o fim da jornada, a vida começou.

Quantas greves e revoltas não começam por motivos miúdos como a retirada do cafezinho, a oportunidade de sair uns minutos! A expulsão de um pipoqueiro do portão foi a gota d'água para a revolta que paralisou uma indústria gigantesca em São Paulo.

Esses instantes em que os homens tomam cafezinho, em que as operárias da linha espiam os livros caros expostos no pátio, são momentos impregnados de vida. De vida que se infiltra lá de fora entre as grades de ferro, agitando esperanças, semeando projetos.

O desenraizamento por excelência é a ignorância do trabalhador em relação ao destino das coisas que fabrica. Qual seu valor e utilidade social? A que necessidades humanas ele atende? O que os outros homens devem agradecer-lhe?

A relação com a maquinaria, tema de tantos estudos desde Marx, foi bem elucidada por Simone Weil como operária. Ela nos explica minuciosamente em seu diário por que as máquinas são opressivas, como a britadora que sacode ininterruptamente por horas o homem a ela agarrado. Sendo modelada pela natureza da energia motriz e da matéria (ar comprimido, carvão nas minas), a britadora sujeita violentamente o organismo a seu serviço. Agarrada a essa britadora Simone Weil percebe que para abolir tal servidão não basta ao trabalhador apropriar-se da fábrica. Seria preciso uma revolução na técnica. Certas máquinas são por si mesmas a opressão. Ela receava que uma revolução proletária se fizesse só na aparência e que a escravidão continuasse disfarçada na submissão à maquinaria. Denunciou a opressão em nome da função.

Poderíamos a partir daí analisar toda a tralha das moradias, especialmente os eletrodomésticos da sociedade industrial. Se levantarmos os traços da nossa cultura material encontraremos na relação objeto-corpo humano a mesma inversão desenraizadora.

Um campo promissor de pesquisas seria o estudo das ondas cerebrais registradas no eletroencefalograma; poder-se-ia comparar as configurações de ondas de pessoas que desempenham tarefas criativas com as de quem está submetido por longos anos a tarefas repetitivas.

A cibernética deveria ser estudada nas Escolas Politécnicas à luz da neurologia com a colaboração de trabalhadores atentos.

Uma tarefa essencial dos sindicatos seria marcar a consciência da época com tais ideias – que eles conhecem melhor que engenheiros e cientistas. E levar no âmago de sua luta o sofrimento da população miserável das fábricas; dos aprendizes, das mulheres, dos migrantes, dos velhos.

Isso importa mais que o aumento de salário para categorias que já recebem pagamentos melhores.

Eu creio que a vanguarda trabalhadora está consciente disso.

2
CULTURA E DESENRAIZAMENTO

Transpondo para os dias atuais os belos estudos de Simone Weil sobre cultura, encontramos veios originais de reflexão.

Cabe-nos agora desfazer um equívoco: o enraizamento não se alimenta de imagens de um passado idealizado nem de um futuro utópico.

O amor pelo passado não tem nada a ver com uma orientação política reacionária. Como todas as atividades humanas a Revolução extrai toda a seiva de uma tradição. Marx o sentiu tão bem que fez questão de buscar a origem dessa tradição nas mais longínquas idades fazendo da luta de classes o único princípio de explicação histórica. [...] A oposição entre o passado e o futuro é absurda. O futuro não nos traz nada, não nos dá nada; nós é que, para construí-lo, devemos dar-lhe tudo, dar-lhe a nossa própria vida[1].

Procuremos exemplos elucidativos.

1. Simone Weil, *op. cit.*, pp. 353-354.

Durante a Revolução Russa o sonho milenar dos espoliados foi inserido no presente; "A terra para os camponeses". Um projeto de estatização da terra teria ultrapassado a consciência possível dos camponeses e teria sido causa de medo e retrocesso naquela contingência histórica[2].

Mas essa palavra de ordem nova enraizou os camponeses no processo revolucionário, apelando para um passado verdadeiro e um anseio constante do homem do campo: o de plantar em terra sua.

Quanto a Hitler, tentou enxertar o futuro do povo alemão num passado fictício, o pretenso arianismo, tão distante dos sonhos das camadas pobres da população.

Ainda que fomentasse o nacionalismo, o mito do arianismo não foi enraizador porque não se alimentou em lutas passadas nem projetou o ideal concreto de paz para a sociedade alemã.

Até mesmo uma longa tradição não basta para enraizar. Vejamos o Japão que sofreu a violência do desenraizamento na sua natureza que a indústria desfigurou, nos mares envenenados, nas cidades poluídas, sem que a tradição pudesse socorrer o povo ao menos moralmente.

Os que viviam relações tradicionais são aproveitados como mão de obra. Não há para eles alternativa. Como poderia a tradição se atualizar numa economia de mercado internacional?

Os valores antigos, religiosos, artísticos, morais, lúdicos que o capitalismo encontra, ele os transforma em mercadoria para turismo, propaganda para TV... Rebaixa esses valores a objetos de curiosidade do espectador urbano.

---

2. Lucien Goldman, *A Crise da Cultura na Sociedade Moderna*, São Paulo, Difusão Europeia do Livro, 1972.

Como poderia tal tradição desgastada ser o amparo dos que foram despojados do seu único saber?

Esses exemplos confirmam a asserção de que é o passado concentrado no presente que cria a natureza humana.

Oscar Lewis realizou em 1947 um estudo nas favelas de Havana, onde encontrou aspectos de desagregação no comportamento dos moradores, típicos do que ele chamou "cultura de pobreza"[3].

Voltando depois a Havana teve oportunidade de entrevistar as mesmas famílias. O aspecto físico do bairro havia mudado muito pouco, à exceção de uma escola maternal. As pessoas lhe pareceram pobres como antes, mas nada no comportamento delas se assemelhava ao desespero e apatia dos favelados urbanos dos Estados Unidos. Os vizinhos se agrupavam em comissões de quarteirão, as mulheres em Clubes de Mães, os jovens em comissões de Educação... tudo se movia na direção da esperança. Nas assembleias de bairro, enquanto se decidiam questões presentes, sonhava-se muito com o amanhã e cada pessoa se sentia responsável por ele. Isso num país que vivera séculos de ditadura colonialista.

Revolução era isso. Distante ainda como ideal, mas próxima, familiar no seu fazer-se cotidiano. Essa esperançosa vivência do mundo não é possível nas sociedades capitalistas. O capitalismo avançado consome e desagrega valores conquistados pela práxis coletiva. Não é capaz de inserir o passado no presente e muito menos de resguardar sonhos para o futuro. Esvaziando o trabalho de significação humana, ele esvazia o sentido das lembranças e aspirações.

---

3. O. Lewis, "A Cultura da Pobreza", *A Ciência Social num Mundo em Crise*, São Paulo, Perspectiva, 1973.

Divulgação da Cultura

Como se encontra agora a ação cultural em face das populações desenraizadas?

Para instruir as massas existe uma operação que simplifica e vulgariza a chamada cultura de elite. Esse processo – a divulgação – crê que, numa "forma mais simples", conhecimentos possam ser veiculados ao povo.

O processo de divulgação comporta duas correntes contrárias. Uma, que é manipuladora, supõe que para incorporar-se à civilização a massa deve ultrapassar seu estado informe de anomia e carência, absorvendo os padrões oferecidos. Esta instrução é cega e surda aos valores antropológicos existentes nos grupos a "aculturar", é impositiva e quer construir sobre *tábula rasa*.

No entanto, a diversidade desses mesmos grupos é aproveitada como fonte de atração para divertir as massas urbanas. A diferença se constitui em folclore para o consumidor ávido: é o regionalismo nos Estados Unidos, as imagens do gaúcho, do nordestino, do caipira entre nós...

Os polos periferia-universidade podem desempenhar papel semelhante.

Outra corrente bem intencionada é a que acredita que "do povo vem a salvação" e procura dar-lhe os meios necessários para que ele salve a sociedade. Tal ideia dominante hoje em nossos meios cultos não é nova. O conflito entre indivíduo e sociedade sempre buscou portas de saída: uma delas julga que existem grupos à margem do sistema e cujo ser ainda não foi corrompido: sua devoção ingênua, sua capacidade lúdica, sua fome de verdade, apenas iludida pelo consumismo, despertando, podem libertar o corpo social. Bastaria que lideranças táticas fizessem a ponte de passagem, mostrassem o caminho. Esses sonhos já se refletem na literatura de idealização do proletário que, segundo Empson, vem, da Revolução Francesa até hoje, substituir a poesia pastoril.

Este veio romântico chegou até nossos dias. Dos departamentos universitários saem os pálidos pesquisadores em busca de sangue novo: devotas de São Benedito são discutidas em seminários de Pós-graduação, gravam-se cantos e solicitam-se danças a velhos esquecidos, de olhar enevoado, cujas pernas já estão demasiado fracas para repeti-las.

A procura obstinada de vestígios do folclore, de uma "outra maneira de viver", seria meritória se fosse animada por um projeto de reconstrução social. Lembraria a "ida ao povo" dos jovens citadinos no tempo de Tchékhov, que precedeu à Revolução Russa; aquela dos inícios da China de Mao, ou mesmo dos grupos de alfabetização da Nicarágua revolucionária. Mas a falta absoluta de projeto histórico faz alguns eruditos assumirem a posição de arqueólogos quando descrevem seu objeto. Em geral resulta apenas numa tese a mais e na obtenção de mais um grau na carreira do pesquisador.

Ao lado desses arqueólogos de tradição oral há os que procuram levar ao povo o que a cultura letrada tem de melhor. Simone Weil reconta *Antígona* para as operárias de uma fundição durante a guerra e escreve ao engenheiro diretor da fábrica: "que a grande poesia grega estaria cem vezes mais perto do povo, se ele a pudesse conhecer, do que a literatura francesa clássica e moderna"[4].

Mas a "operação-divulgação" pode partir de pressupostos falsos que apontaremos a seguir.

4. *Op. cit.*, p. 311.

O primeiro é de que a cultura se adquire como um patrimônio; deve-se pois acumular aquisições. Mas esse esforço encontra barreiras quando se quer educar: a falta de tempo e o esgotamento físico do trabalhador.

Como superar tal obstáculo? Certamente não será pela repetição e acumulação. A quantidade não está relacionada ao bem. A educação compreende uma liberdade em relação ao objeto, um desprendimento na visão do belo que derivam da qualidade de atenção. Uma estátua grega encerra tanta beleza quanto duas estátuas gregas. É preciso que sua presença nos faça sentir o desafio ouvido por Rilke ao contemplar o torso arcaico de Apolo: "Força é mudares de vida". É a qualidade da atenção que nos faz conquistar o Bem que a arte pode encerrar.

O que torna a cultura universitária tão difícil de ser comunicada às pessoas simples é o fato de que ela, não se nutrindo do concreto, tornou-se pobre e abstrata. A vulgarização a rebaixa ainda mais. Como podem os intelectuais pretender ensinar as camadas subalternas se eles já perderam a sabedoria para lidar com as coisas do mundo? Uma classe poupada desde a infância da fome e da fadiga poderia compreender as grandes perguntas da literatura? Em Platão, Balzac ou Sartre as indagações sobre o destino do homem são as mesmas. Antígona deseja enterrar com honra seus mortos: é perseguida e condenada pelos poderosos que desejam que se apague a memória dos vencidos.

Por acaso nossa geração não viveu o mesmo impasse, o de querer homenagear – sem poder – os que foram vencidos em duro combate? Antígona é o ser humano que, sozinho, se opõe a injustiça do Estado e cuja consciência não se dobra. Os trabalhadores se detêm nas portas da fábrica para homenagear um grevista assassinado. Mas o féretro foi desviado do curso e eles ficaram esperando em vão, sem conseguir prestar-lhe as últimas honras. Que ressonâncias e desdobramentos não teria na vida desses companheiros a tragédia de Sófocles!

Ainda sobre a memória: como cumprir os votos dos que se foram? Como retomar os gestos que perfariam o incompleto desenho de sua vida? Essa pergunta resume a essência da cultura.

Todos os depoentes que ouvi numa região caipira foram unânimes em confirmar que os vivos têm que responder pelas promessas dos mortos. Escutei muitos relatos desses cultos pelos ausentes.

A dança de São Gonçalo do Amarante prometida por alguém que morreu antes de realizar seu voto é celebrada pela família[5]. Na sala os devotos homenageiam o santo, formando figuras de estrela, cruz, caracol, inspirada coreografia em volta do altar. O ausente está representado por uma cadeira coberta com lençol branco. Mistério da permanência do mito, da cultura recusada inscrita nos movimentos do corpo e da memória.

Volto à lucidez de Simone Weil que, referindo-se ao tema da transposição cultural para o meio operário, recomenda:

> Não tomar as verdades, já pobres demais, contidas na cultura dos intelectuais para degradá-las, mutilá-las, esvaziá-las do seu sabor; mas simplesmente exprimi-las em plenitude por meio de uma linguagem que, conforme a palavra de Pascal, as torne sensíveis ao coração, para gente cuja sensibilidade é moldada pela condição operária. [...] Procurar modos de transposição convenientes para transmitir a cultura ao povo seria ainda mais salutar para a cultura do que para o povo. Seria para ela um estímulo infinitamente precioso. Ela sairia assim da atmosfera ir-

---

5. Proibidas na cidade pelas autoridades eclesiásticas, as danças religiosas se refugiaram na roça e ainda resistem nos arredores de São Paulo, núcleos de antiga cultura caipira: Cotia, Carapicuíba, São Roque, Mairiporã.

respiravelmente confinada onde está encerrada. Deixaria de ser um objeto de especialistas[6].

A arte antiga perdeu, entre nós, sua força formadora. Passa a objeto de valor e assim é apropriada pelo educando que busca o autoaprimoramento para melhor competir na arena dos privilégios. Quando lê os clássicos continua alheio "ao fato de que Shakespeare ou Platão pudessem dizer-lhe coisas mais importantes do que a maneira de se educar". Assim Hanna Arendt vê a questão[7].

Um quadro de Van Gogh é igualmente degradado quando o utilizamos para adquirir *status* ou tapar um buraco na parede segundo Arendt.

Como encontrar face a face estas imagens? Como resgatar o passado do entulho da mercadoria?

A resposta seria: vivendo intensamente o nosso tempo, atentos aos sinais da História. Só a militância pode propor e propor de novo a totalidade passado-presente como um mesmo tecido de lutas e esperanças. Fazer conhecer as obras do passado e reviver as indagações que elas contêm.

Em lugar da divulgação, uma reproposta. O futuro das obras de arte estaria então vinculado ao nosso agir. Oferecendo-lhes uma destinação política nós as arrancamos do museu abrindo-lhes caminho para uma sobrevivência épica.

Assistimos hoje ao declínio da aura que circundava certos objetos históricos. Walter Benjamin define aura como a única aparição de uma realidade longínqua, por mais próxima que ela

---

6. *Op. cit.*, p. 365.
7. *Entre o Passado e o Futuro*, São Paulo, Perspectiva, 1972.

possa estar[8]. Por isso o original não tem preço, é doado ao museu, à humanidade. Na época de sua reprodução técnica, a arte – imagem espalhada infinitamente – perde o caráter do único, daquilo que nos é dado só uma vez.

Além disso, a indústria cultural se opõe a esse caráter de unicidade: multiplica produtos aos quais a propaganda impinge outra aura. Não emanando do objeto esta nos aparece como "em estado de decomposição, círculo de névoa"[9]. É a aura deteriorada da mercadoria. As obras de arte, os fenômenos da natureza, as Pessoas, são consumidos, tratados como peças intercambiáveis, susceptíveis de reposição.

Mas a práxis, à medida que vai rompendo tais determinações na experiência cotidiana, devolve a cada fenômeno sua aura de único, de irrepetível.

---

8. "A Obra de Arte na Época de sua Reprodutibilidade Técnica". *Revista Civilização Brasileira*, n. 19-20, Rio de Janeiro, 1968.
9. T. Adorno, "L'Industrie Culturelle", *Communications*, n. 3, Paris, 1963.

3
Culto e Enraizamento

As práticas religiosas trazem para as pessoas simples os livros clássicos da fé e permitem que elas convivam com a grande arte: música, pintura, arquitetura, dança, poesia. Todas essas expressões simbólicas podem fazer parte do culto.

De que maneira as práticas religiosas se tornam um fator de enraizamento ou de desenraizamento do povo? Tal pergunta dá muitas pistas. Tomemos algumas como exemplo.

Canal e Código da Comunicação

A divulgação procura, numa forma simplificada, veicular ensinamentos às pessoas menos letradas. Esquece-se de que na obra de arte conteúdo e forma fazem um tecido inconsútil; qualquer ruptura na forma altera o conteúdo.

Nas obras clássicas religiosas, o atentado é mais grave, porque a forma é também sagrada pela tradição.

Revendo mensagens escritas, perguntamo-nos até que ponto podem elas sofrer alterações formais sem abalos no conteúdo.

A edição atual da *Bíblia de Jerusalém*[1] é uma fusão feliz de tradição e simplicidade. Os Salmos e conselhos de sabedoria são transcritos em forma poética, oral por excelência, num ritmo que favorece memorização e a leitura coral. A forma já proverbial de algumas sentenças foi conservada[2].

A assimilação da linguagem bíblica pelos protestantes diz muito a favor da boa e forte tradução de Ferreira de Almeida. Certas expressões tornaram-se sabedoria dos pobres:

– Nem só de pão vive o homem.
– Quem com ferro fere com ferro será ferido.
– Deixai vir a mim os pequeninos.
– Olhai os lírios do campo.
– A cada dia basta sua pena.
– Pai, afasta de mim este cálice.
– Bem-aventurados os que têm fome de justiça.

Alterar essas sentenças já populares com inovações discutíveis é torná-las postiças e estranhas. A mudança não deve excluir um elemento que era superior como expressividade.

Observe como o retorno musical mantém viva a informação, que é calor, e defende a mensagem da entropia, que é resfriamento. Frases com alto teor de informação precisam se amparar

---

1. *Bíblia de Jerusalém*, São Paulo, Paulinas, 2000.
2. Já encontrei traduções diversas da súplica de Cristo: uma delas quis se aproximar de *copo* por ser de uso mais corrente: – "Pai, afasta de mim essa copa!" Convenhamos que é excessivo mesmo para Cristo. Há mudanças discutíveis como "Ele jantou com os discípulos" em vez de ceou, quando Santa Ceia já faz parte da nossa cultura familiar e até mesmo da decoração das casas. O mesmo se pode dizer de um eruditismo como "o Nazareu" e o "Nazoreu" (*Bíblia de Jerusalém*) em vez de "Ele será chamado o Nazareno" (Mt. 2,23) já consagrada.

no ritmo, na rima, na sonoridade, enfim numa bem-sucedida redundância oral que só o tempo e a tradição comprovam.

A missa herdou do *Keduschá* hebraico a tríplice santificação de Isaías: "Santo, santo, santo é o Senhor Deus do Universo".

A liturgia judaica conserva hinos tão antigos e solenes que a tradição atribui sua origem aos anjos.

Aquele que os comentadores medievais denominam o "Cântico dos Anjos", de uma incomparável majestade, é incluído nas Grandes Festas:

Excelência e lealdade
   são d'Aquele que é Eterno
Entendimento e bênção
   são d'Aquele que é Eterno
Grandeza e maravilha
   são d'Aquele que é Eterno
Conhecimento e expressão
   são d'Aquele que é Eterno
Magnificência e esplendor
   são d'Aquele que é Eterno
Conselho e força
   são d'Aquele que é Eterno
Sabedoria e poder
   são d'Aquele que é Eterno
Ornamento e permanência
   são d'Aquele que é Eterno
Mistério e sabedoria
   são d'Aquele que é Eterno
Poderio e doçura
   são d'Aquele que é Eterno
Esplendor e maravilha
   são d'Aquele que é Eterno

Brilho e esplendor
   são d'Aquele que é Eterno
Graça e benevolência
   são d'Aquele que é Eterno
Pureza e bondade
   são d'Aquele que é Eterno
Unidade e honra
   são d'Aquele que é Eterno
Coroa e glória
   são d'Aquele que é Eterno
Mandamentos e prática
   são d'Aquele que é Eterno
Justiça e honra
   são d'Aquele que é Eterno
Invocação e santidade
   são d'Aquele que é Eterno
Júbilo e nobreza
   são d'Aquele que é Eterno
Canção e hino
   são d'Aquele que é Eterno
Louvor e glória
   são d'Aquele que é Eterno.

Teria Jesus cantado essa litania nas Grandes Festas judaicas?

A monotonia do seu ritmo – e os encantamentos cada vez mais sonoros, induzem aqueles que oram a um estado de espírito que beira o êxtase[3].

A litania é redonda e se move em torno da Glória como uma roda cintilante.

Que a recorrência do som tem um fundo encantatório se observa no apego que o catolicismo popular guarda pelas ladainhas.

Assisti, em Cotia, a uma celebração na capela rural de Nhá Leonor, renomada benzedeira. Os capelães puxavam as rezas ao ritmo da viola, dos ponteados comuns na região. A ladainha era em latim, pois os capelães da roça não acompanharam as reformas da Igreja. O povo respondia com um alentado *ora pro nobis* às invocações: *Stella matutina, Domus aurea, Salus infirmorum, Rosa mystica...*

Diante do altar, uma mulher negra e esguia acompanhava cada invocação fazendo um gesto: erguendo os braços, estendendo as mãos, abrindo as palmas para receber o sagrado orvalho... Embora dentro de uma tradição, a bela coreografia me pareceu espontânea.

Ainda quanto à forma da mensagem como canal de comunicação, temos algo a considerar.

Entre os motivos da não-leitura, uma causa esquecida, mas óbvia, é a vista cansada; o operário frequentemente tem a vista cansada porque ele tem que aplicá-la muito nas horas de trabalho.

---

3. Gershom Scholem, *A Mística Judaica*, São Paulo, Perspectiva, 1972, p. 59.

Examinando um folheto das missas católicas encontrei letra miúda e uma saturação de palavras. Quem imprime tais folhetos deve desconhecer a situação de saúde e integridade corporal do trabalhador, que se sentirá, até no local em que deseja louvar seu Deus, humilhado e marginalizado por esses impressos.

O problema da letra grande, pelo enorme contingente de leitores idosos e populares, deveria merecer atenção dos editores. Os idosos são leitores especialmente atentos e vibrantes.

Eles já não leem para alcançar *status* ou competir numa carreira, mas leem procurando compreender a própria substância da vida, confrontar memória com memória, experiência com experiência.

Que depoimento comovente sobre *Confesso que Vivi*, de Pablo Neruda, ouvi de uma velha professora primária! Ela comparou com a dele, passo a passo, ano a ano, a recordação de sua militância.

O livro com letra miúda afasta esse leitor ideal, é uma especulação comercial, uma avareza que desfigura e amesquinha a fonte mesma da cultura.

Clemenceau dizia que a guerra era séria demais para ser decidida por generais. E a cultura do nosso povo, diz Otto Maria Carpeaux, é também coisa séria demais para ser decidida por intelectuais.

Uma operária me confessou: "As coisas que a gente lê sempre acabam parecendo com a vida da gente"[4]. Ela não disse como dizemos: "nós acabamos parecendo com a personagem do livro". Não foi isso que ela disse, mas que a convivência com a literatura acaba transformando a literatura em vida.

---

4. Ecléa Bosi, *Leituras Operárias*, 10ª ed., Petrópolis, Vozes, 2000.

Entropia e Redundância

Muitas vezes o divulgador sente a tentação de recontar a história original. Nas edições para juventude, por exemplo, Oliver Twist é reelaborado, como se Charles Dickens não houvesse escrito também para os jovens. Certos pormenores do ambiente, certas manias das personagens que comovem e divertem o leitor são expurgados pelo divulgador. Dickens está desarmado nas mãos dele, em luta desigual; uma descrição mais longa, uma personagem deliciosa são mutiladas para desgraça do jovem leitor.

Terrível foi a versão para a juventude de Dom Quixote; só restou da personagem o elemento pitoresco, e Dom Quixote aparece como palhaço ou demente. Ele, o primeiro "herói problemático" da literatura, foi, na era mercantil, repelido de um mundo impossível.

A não-viabilidade do mundo se transforma, nessas versões, na não-viabilidade da personagem.

E quando se trata de um texto sagrado, como pode ele sofrer operações redutoras?

O recontador não consegue impunemente alterar a escritura como teria feito com Cervantes, Dickens, Tolstói.

Nos folhetos religiosos, antes da leitura do Antigo e Novo Testamento, há várias linhas de explicação prévia para o leitor. Aquela clareza e simplicidade que atravessaram séculos de comunicação eficaz encontram uma parede: o comentador distorce, simplifica, tira conotações de natureza política e moral a seu bel-prazer.

Quando a leitura é de Isaías: "Naquele dia um ramo sairá do tronco de Jessé, uma flor brotará de suas raízes" (Is. 11, 1-10), o comentarista já explicou: "O profeta quer dizer que, apesar da organização injusta da sociedade, os cristãos podem-se alegrar..."

Quando se vai ouvir no Evangelho: "E as multidões o interrogavam: Que devemos fazer? Respondia-lhes: Quem tiver duas túnicas reparta-as com aquele que não tem, e quem tiver o que comer, faça o mesmo" (Lc. 3, 10-11), o comentarista já explicou: "O Precursor proclama a exigência de uma conversão..."[5]

O comentarista se considera melhor comunicador que Isaías ou João Batista, cuja mensagem resistiu aos séculos, inspirando gerações.

Certas comparações tiradas da natureza, as metáforas, não são obscuras como pensa o divulgador; são o que há de mais concreto na linguagem.

Isaías houve por bem falar com figuras simbólicas. Cristo houve por bem falar em parábolas. A mensagem poética metafórica é altamente informativa e concisa. Rimas e ritmo são elementos musicais que conservam o seu calor e a defendem da entropia.

As interpretações constituem:

– Um dano religioso, pois impedem que a interioridade suplicante do fiel receba o alimento puro que ele espera.

– Um dano estético, pois condenam ao fechamento uma obra aberta[6]. O comentário turva essa fonte de significações infinitas. Impede a livre decodificação. Fecha a obra aberta e

---

5. Essas interpretações poderiam converter-se numa rápida apresentação histórica dos textos no início ou fim dos folhetos.
6. Obra aberta para o semiólogo Umberto Eco é um campo dotado de substancial indeterminação. É o dom de uma mensagem que, resistindo ao tempo, desperta no receptor sempre uma nova leitura.

ancora o texto. Amarrando apenas um significado conveniente, para o qual dirige a atenção, impede a misteriosa, imprevisível síntese pessoal.

– Um dano físico também, porque o proliferação de palavras escritas satura a página, fatigando o leitor.

O feixe de luz da mensagem sofre refração ao passar pela fresta da compreensão parcial do intérprete e, assim diminuído, chega a seu destino.

A divulgação arranca da obra original aquela centelha de ouro puro que ela continha: o momento platônico em que a Verdade e a Beleza se abraçam.

Não raro a veemente substância da arte se reduz a uma série monótona de imposições morais.

O Abuso da Função Conativa

A linguagem, para cumprir sua missão comunicante, vale-se de uma rica variedade de funções.

É possível descobrir numa mensagem qual é a predominante. Na propaganda, por exemplo, é a *função conativa*, porque ela visa a direção do comportamento. Na publicidade comercial, a variedade aparente esconde uma ordem: "– Compre!" Toda propaganda é movida por alguma imposição oculta ou aparente. Verificamos um estreitamento, uma redução em funil da missão comunicante, que pode ser cognitiva, emotiva, fática... No entanto, quantas vezes, numa mensagem destinada ao povo, encontramos apenas a função conativa, uma tutela moral![7]

---

7. Veja-se, nos cantos destinados às missas de uma Campanha da Fraternidade, o excesso de função conativa.

A expressão emotiva, a liberdade interior própria da música se reduzem a uma série de imperativos. É preciso carregar um pesado fardo enquanto se canta.

O aprendizado para uma ação eficaz na sociedade de massas substitui a viga-mestra da cultura: a busca da Verdade. O curso do ensino médio já dirige para o sucesso no vestibular, esvaziando o ensino de liberdade e gratuidade. Encontrar uma fórmula para o teste de alternativas, um esquema rápido e mágico, obsessiona o estudante nas horas extras do cursinho, como o salário obsessiona o trabalhador. Adeus para a alegria do trabalho em si mesmo! adeus para a alegria espontânea de cantar!

Música e Fala

A celebração do culto envolve dois grandes princípios enraizadores; o alimento e a música. Incluímos na música os diálogos, brados, aclamações e fala coral.

Nossa linguagem é um processo vivo, ligado à natureza; de um mar de sons vagos emergiram recortes de frases e palavras como ilhas flutuantes. Eis como Saussure explica a origem da língua. Antes de se articularem as palavras, havia um mar indefinido de ritmos, massa sonora carregada de afetividade.

Por isso a fala tem um movimento melódico, como se observa na leitura coral. Quem prepara textos para leitura coletiva deve estar atento ao ritmo, entoação, melodia, harmonia e pausas.

No culto, a música é o momento privilegiado, só superado pelo silêncio. As pausas, longe de serem intervalos vazios, são momentos carregados de sentido. "A música, portadora do silêncio e da adoração" (Gelineau).

O Candomblé enraíza profundamente, uma vez que integra

o batuque e o canto, a oração e a dança. Em certo momento, a mãe de santo pode carregar o suplicante, erguendo-o nos braços, e conduzi-lo dançando e deitá-lo sobre o altar. Milagre de força e delicadeza que revive a parábola do Bom Samaritano.

A liturgia possui, em embrião, elementos corpóreos da dança quando os fiéis se inclinam, erguem as mãos ou batem no peito.

Na liturgia protestante popular, o corpo inteiro acompanha as palavras dos cantos, como nos *spirituals* batistas[8].

Nas missões presbiterianas de Mato Grosso quando, durante o culto, os subnutridos caiowás e terenas podem cantar em roda ou batendo os pés certos hinos religiosos, um sopro de alegria anima seus rostos: Cristo veio salvar todo o ser, o corpo, a alma e as danças dos caiowás e terenas.

Nossos festejos natalinos nos bairros populares não são confinados nas casas pelo frio, como na Europa, mas têm um cunho tropical de *visitação*, *procissão* e *cortejo* como nas Folias de Reis e no Pastoril. É nessa fonte que a liturgia de Natal deve buscar inspiração.

Um canto de Natal pode tocar especialmente as mulheres, como este:

Sobe a Jerusalém, Virgem oferente sem igual,
Vai, apresenta ao Pai teu Menino, luz que nasceu no Natal.

---

8. Uma menina pentecostal de Osasco, bairro operário de São Paulo, cantou-me e dançou um hino de sua Igreja:
"Quem gosta de Zesus / vai bater palmas
Quem gosta de Zesus / levanta os braços,
Quem gosta de Zesus / balança as mãos,
Quem gosta de Zesus / bate com o pé,
Quem gosta de Zesus / dá meia-volta,
Quem gosta de Zesus / ...faça zezum!"

Este *Sobe a Jerusalém* é um movimento que só a mulher do povo conhece. Subir ladeiras com uma criança ao colo é um esforço diverso do passear ou caminhar. Evoca o cansaço em que o peso da criança aumenta a cada estirão.

Mesmo assim, a subida é recompensada pela chegada e será repetida em todas as festas, para não ofender os parentes desses lugares afastados que merecem respeito e visita. A visitação é um enraizamento: de Belém à Vila das Mercês, de Osasco à Penha estão os amigos e parentes que um mundo de opressão separou.

O cansaço, as horas extras de labuta sugam o aleno, fragmentam o mundo, separam os amigos. Mas, em algumas datas, as visitas retornam, os amigos se encontram, os fragmentos se religam. A especulação urbana criou rupturas e abismos entre os que se querem ver, mas os pontos distanciados se aproximam, e o mapa afetivo da cidade se reconstitui então.

Os crentes populares estendem a visita às casas do bairro, em especial às casas dos doentes, como uma missão, um prolongamento do culto.

Nada na sociedade atual favorece tais encontros: a estafa diária, a jornada intensa de trabalho, a televisão, tudo procura impedir a visitação dos pobres. A visitação que age em sentido contrário do isolamento e desenraizamento.

No entanto, como no Evangelho de Lucas, Maria visita Isabel, os vizinhos visitam Isabel e Zacarias, os pastores visitam José e Maria, e Maria sobe a Jerusalém.

* * *

A liturgia vive um tempo cíclico semelhante ao tempo da natureza: das estações do ano, da órbita dos astros, das marés.

As comunidades indígenas primitivas vivenciam um tempo

que retorna, em que as coisas não parecem para sempre, mas voltam a florir na próxima estação.

Talvez dessa analogia com a natureza venha a "resignação esperançosa" das classes populares[9].

A mudança sazonal de cores nas igrejas – roxa na Paixão, verde no Advento, vermelha na Páscoa – favorece a aproximação com os ciclos da vida.

As músicas religiosas estão vinculadas a um tempo de estações que se renovam. Não podem ser tratadas como objetos de consumo que se deterioram. Devem voltar periodicamente nas estações propícias, portadoras da significação que renasce. Por sua própria natureza, não se assemelham a objetos-mercadoria, descartáveis. A liturgia não pode refletir o consumismo, cuja norma é a velocidade da inovação pela inovação, desvalorizando o já usado. Assim fazendo, desvaloriza-se também a memória do idoso, que guarda entre as lembranças mais caras os hinos de sua infância e juventude. O velho, na comunidade, quer aprender os novos cantos e ensinar os cantos de outrora. Sua identidade precisa ser reconhecida; sua memória, preservada. Sentimento enraizador e portador de esperança é cantar de novo os cânticos das festas comunais. Um dos atrativos desses hinos é a convicção de que os homens de outros tempos assim os cantaram. Por que substituir hinos amados por melodias banais e encomendadas em série, como se vê fazer em certas igrejas? São penosamente aprendidas e logo esquecidas. A inovação só se justifica pela criação de obras significantes para a coletividade.

---

9. Alfredo Bosi, "Cultura Brasileira", *Filosofia da Educação Brasileira*, Rio de Janeiro, Civilização Brasileira, 1983.

A doutrina de Marx tem sofrido em nosso meio divulgação nos moldes em que ocorre com outros clássicos pelo uso contínuo do jargão político.

A luta de classes aparece em alguns textos religiosos, desligados da prática cotidiana de quem os canta ou reza, sem mediações simbólicas. Serão seus autores incapazes de fazê-las?

Esse desligamento da práxis transforma as mensagens num jargão empobrecedor que reflete simplesmente a consciência possível de *outra classe*. Desconhecem uma linguagem conatural ao povo, ou melhor, uma linguagem de vida: são chavões obsessivos, repetitivos, estereotipados, sem o vigor das fontes filosóficas.

De onde virá essa incapacidade dos textos religiosos de transformar uma doutrina em vivência?

Que força terá uma doutrinação política ou religiosa que fique cega aos tesouros da cultura popular?

Ninguém pode criar símbolos manipulando objetos e linguagem: podemos favorecer procedimentos simbolizantes em ocasião propícia. Os objetos só se tornam símbolos em situação compartilhada pelo emissor e receptor.

As parábolas de Jesus vêm de uma existência compartilhada com sua gente: pão, luz, sal, fermento, semente de mostarda foram transformados em símbolos universais a partir do enraizamento na cultura da época.

A mensagem enraizada tem uma resistência imperecível porque capta o intemporal sob as espécies do temporal e regional.

Um profundo desejo de tornar a verdade visível faz o artista elevar as coisas simples enquanto as torna habitáveis pela transcendência. Seria errôneo pensar que isso aconteceu com Cristo porque a sociedade do Evangelho fosse menos complexa do que a nossa. A Palestina vivia a condição colonial, contradições entre o ser religioso e o ser político e as ambiguidades que o nacionalismo engendra.

* * *

A liturgia poderia ser um fator privilegiado de enraizamento. Bastaria que ela guardasse a memória da sua origem grega: *leitoyrgía*, serviço ou atividade feita pelo povo[10].

O enraizamento é um direito humano esquecido. O migrante vem chegando à cidade com as raízes partidas: a liturgia poderia enraizá-lo, criar e reviver tradições, valores, lembranças que dão sentido à vida.

As chaves do futuro e de utopia estão escondidas, quem sabe, na memória das lutas, nas histórias dos simples, nas lembranças dos velhos.

---

10. Flávio Di Giorgi quando pesquisou as raízes da palavra observou que, dentro do povo dos fiéis, *laos* (λαοζ) está *óchlos* (õχλοζ), pobres de Javé, os preferidos de Deus.

4
A Atenção em Simone Weil

Estas reflexões são apenas o que Stanislas Breton chamou de "exercícios de admiração" no seu ensaio "Simone Weil, a Admirável"[1].

Simone Weil na escola escrevia mais devagar que os colegas: suas mãos eram inábeis e lentas apesar de seu esforço.

Essas mãos, pequenas demais, que inchavam facilmente, faziam-na incapaz de acompanhar as outras crianças da classe. Para aumentar seu sofrimento, ela convivia com um irmão genial, que aos doze anos lia Platão em grego[2].

Sentindo-se inferior em tudo ao irmão ela confessa:

> Eu lamentei, não a falta de sucessos exteriores, mas não poder esperar nenhum acesso a esse reino transcendente onde habita a verdade...

---

1. "C'est à sa divine violence que je dédie ces exercices d'admiration", *Esprit*, maio 1995.
2. André Weil, matemático de renome, lecionou nos Estados Unidos e também na Universidade de São Paulo. Foi um dos fundadores do grupo Bourbaki.

Após meses de trevas interiores tive de repente e para sempre a certeza de que qualquer ser humano, mesmo se suas faculdades naturais forem quase nulas, penetrará nesse reino de verdade reservado ao gênio, somente porque ele deseja a verdade e faz perpetuamente um esforço de atenção para atingi-la[3].

Delineia-se então no seu espírito de criança os contornos de uma doutrina da atenção.

O que significa atenção para Simone Weil?

O método para compreender os fenômenos seria: não tentar interpretá-los mas olhá-los até que jorre a luz. Em geral, método de exercer a inteligência que consiste em olhar [...]. A condição é que a atenção seja um olhar e não um apego[4].

Trata-se, nessa inteligência voltada para o bem, de uma percepção nova.

É bom ver uma criança acompanhar dia a dia o crescimento de uma planta em suas pequenas e contínuas mutações; ou o crescimento de um animalzinho. Não para ter noções de Botânica ou Zoologia, mas para sair de si mesmo, alegrar-se com uma vida que não é a sua. Observando, assim, a criança consegue transcender o ego e procura escutar e ver sinais da natureza e do outro.

A atenção traz consigo uma "liberdade para o objeto", como se ela cortasse as peias que nos prendem a nós mesmos. É um sair de si, que pela sua qualidade de doação se assemelha à prece. Walter Benjamin escreveu:

---

3. *Attente de Dieu*, Paris, La Colombe, 1950, p. 72.
4. "A Atenção" – "A Gravidade e a Graça", *A Condição Operária e Outros Estudos sobre a Opressão*, Rio de Janeiro, Paz e Terra, 1996, p. 388.

Se Kafka não rezava, o que ignoramos, era capaz ao menos, como faculdade inalienavelmente sua, de praticar o que Malebranche chamava "a prece natural da alma" – a atenção. Como os santos em sua prece, Kafka incluía na sua atenção todas as criaturas[5].

Para Simone Weil a atenção é uma forma alta de generosidade. Todas as outras vantagens da instrução são secundárias comparadas ao exercício da atenção: é um bem em si independente de recompensa ou aquisição de informações. Os estudos são nada mais que uma ginástica da atenção, seja qual for seu conteúdo.

Ela nos convida a privar tudo o que chamamos de *eu* da luz da atenção e transferi-la para o que está fora de nós (movimento contrário ao de certa Psicologia que procura escavar os poços do ego na história individual).

Nesses exercícios de deprendimento e observação a atenção vai penetrar a ação de uma qualidade nova.

Simone Weil nos recomenda a que agucemos nossas faculdades para entregar-nos através do olhar e da escuta ao que é secreto, silencioso, quase invisível.

A operação do infinitamente pequeno é um paradoxo que nossa inteligência dificilmente alcança compreender. Mas a natureza multiplica exemplos desse paradoxo: um ponto num corpo sólido é infinitamente pequeno.

No entanto, em todo corpo há um ponto que, se for segurado, o corpo não cai, pois esse ponto é o centro da gravidade. No âmago dos fenômenos uma atenção contemplativa descobriria esse ponto.

---

5. Franz Kafka, "A Propósito do Décimo Aniversário de sua Morte", *Obras Escolhidas. Magia, Técnica, Arte e Política*, São Paulo, Brasiliense, 1985, vol. 1, p. 159.

* * *

Quando fixada num problema, a atenção pode tornar-se apenas um fenômeno de horror ao vazio. Para não perder o esforço já realizado, nos encarniçamos na caçada; ficamos, pela procura excessiva, dependentes do objeto do esforço.

Simone Weil aconselha a recuar diante do objeto que perseguimos: se quisermos arrancar a uva pelo cacho, os bagos vão cair no chão[6].

A atenção tem os dedos leves, escapa da lei da gravidade, é o contrário da certeza e da posse. Por isso, Simone afirmara em sua juventude descrente que os que não creem estão mais perto da verdade dos que os que creem. "Tudo é mentira."

Ela se refere à religião onde Deus serve para preencher e dar sentido aos vazios e diz: quando Deus se tornou tão cheio de significação para alguém quanto o tesouro para o avarento, "Ele, pela operação da noite obscura, pode retirar-se, a fim de não ser amado como o tesouro pelo seu possuidor"[7].

Nessa procura, não utilizar músculos, que nada têm a ver com a questão. Haverá algo mais inútil do que serrar os maxilares a propósito da virtude ou da poesia, da solução de um problema? Não será outra coisa a atenção? "O orgulho é esse enrijecimento. Falta graça (nos dois sentidos da palavra) ao orgulhoso"[8].

Há esforços que têm o efeito contrário ao fim procurado. Outros são sempre úteis mesmo que não tenham êxito. Como distingui-los?

Simone crê que os primeiros são acompanhados por um esforço quase muscular de apreensão, pela negação mentirosa

6. *Op. cit.*, p. 386.
7. *La pesanteur et la grâce*, p. 25.
8. *Op. cit.*, p. 119.

da miséria interior. E os últimos pela atenção continuamente concentrada na distância entre o que se é e o que se ama.

Esse recuo diante do objeto amado traduz a luta da contemplação contra o consumo, da civilização contra a barbárie.

Penso que a doutrina da atenção de Simone Weil está ligada por raízes profundas no que toca aos militantes do Terceiro Mundo, ao trabalho manual, ao desprendimento de objetos inúteis, à não-possessão dos bens supérfluos.

Deixo aqui, apenas apontadas, essas três vertentes.

* * *

Lendo os diários de Simone, Alfredo Bosi[9] analisa sua pedagogia do olhar que, no ato de exercer-se, toma o nome justo de atenção, e encontra nele quatro dimensões: a perseverança, o despojamento, o trabalho e a contradição.

I. A PERSEVERANÇA: A atenção deve enfrentar e vencer a angústia da pressa, ser lenta e pausada como o respirar da ioga. Se o olho se detém na contemplação desinteressada do objeto, ele descobre seus múltiplos perfis e, no final do processo, recupera sua unidade em um nível mais complexo de percepção.

II. O DESPOJAMENTO: A atenção, sendo uma escolha, é também uma ascese: ao contrário do "não quero nem saber", tudo sacrifica para ver e saber. Ela se opõe ao desejo classificador: o olhar desapegado não quer se apropriar, rotular, seccionar. Ao invés de classificar, admira as transformações do Uno Todo.

---

9. "Fenomenologia do Olhar", *O Olhar*, São Paulo, Companhia das Letras, 1993, pp. 84-86.

III. O TRABALHO: A atenção é um olhar capaz de agir sobre a realidade. O olhar atento vive o trabalho da percepção, alcança compreender tanto as regularidades quanto os acidentes da matéria.

A reflexão sobre o trabalho na fábrica ocupa um lugar eminente nos diários de Simone Weil. Deixou em seus cadernos o desenho de peças de máquinas, pensou em seu funcionamento com relação ao sistema nervoso do operário. Queria que os operários vissem por dentro os meios e fins de seu labor cotidiano e da sociedade industrial. Preocupa-se ao mesmo tempo com geometria e política militante e nota que os teóricos da revolução nunca trabalharam numa fábrica.

IV. A CONTRADIÇÃO: o olhar atento se exerce no tempo, colhe as mudanças que sofrem homens e coisas, o processo que formou a aparência. Quem trabalha com as mãos refletindo sobre sua obra aprende que está lutando com forças em tensão, desafiando resistências da matéria. A percepção da contradição vem da práxis conjugada do corpo com a consciência. E o militante no correr dos anos, amadurecendo, reconhece as tensões entre as classes e os grupos do poder que o sacrificam.

O autor conclui: "A unidade primeira de corpo, alma e mundo já está dada no olhar fenomenológico e estético de Merleau-Ponty; para Simone Weil ela será uma reconquista que a divisão do trabalho e o Estado totalitário parecem tornar cada vez mais difícil".

* * *

Durante a Resistência ao nazismo, na última guerra, Simone, que participou heroicamente da Resistência, começou a ler os livros sagrados da Antiguidade para compreender os tempos sombrios que assolavam a Europa. Estudou sânscrito para ler no original os escritos bramanísticos anteriores, Buda e *Bhagavad Gitâ*. Nesse, há uma contínua exortação de Krishna para a ação:

" – Age, mas sem te agarrares aos resultados, age como se fosse um sacrifício"[10].

Embora não explicitada em seus escritos eu colocaria junto às categorias do olhar e da atenção uma terceira categoria: a do sacrifício.

Vejamos que sentido encontra em Simone Weil.

Ela traduziu em seus cadernos vários trechos dos *Upanishads*. Simone terá meditado no hino védico de três mil anos atrás, que descreve a criação como um sacrifício de Brama. Quando só existia o mar imóvel e luminoso, num ato de esquecimento de si, Brama põe os mundos em movimento e a vida subiu do oceano como floco de nata no leite... Esse ato divino é o sacrifício, fio que liga a terra ao céu e tarefa do homem é tecê-lo.

A primitiva ação sacrificial de Brama dá existência aos seres e evidencia a união da vida biológica com a de doação e serviço.

– Age como se fosse um sacrifício – exorta Krishna no *Bhagavad Gitâ*.

O olhar-atenção é um adiamento, uma retração para melhor agir. Não se trata do abandono do eu mas de uma participação nas forças cósmicas que o transcendem.

O desapego não dissolve o sentimento de realidade, mas o torna mais intenso. Agir sem gozar o fruto dos atos é a ação

---

10. *Bhagavad Gitâ*, cap. IV, 23, trad. Jorge B. Stella, São Paulo, *Revista de História*, USP, XXXII, 1970.

sem ego do *Bhagavad Gitâ*, sem motivos pessoais, para a conservação do mundo.

O príncipe Arjuna, no *Bhagavad Gitâ* se dilacera em dúvidas: deve lutar por seu povo com inimigos que considera irmãos? Deve agir ou não? É orientado por Krishna a lutar.

Também Simone Weil combateu na Guerra Civil Espanhola, respeitando e às vezes admirando o inimigo. Guerreira, tanto quanto Arjuna, exerceu no mesmo gesto a luta e a compaixão.

Agir sem esperar... será conservar durante uma ação a esperança que um exame crítico mostra ser quase sem fundamento.

Impossível não lembrar Gramsci: "pessimismo della intelligenza, ottimismo della volontà".

Quem dispõe da força não precisa ter coragem, mas só a coragem é bela, segundo Alain, o amado professor de Simone Weil, de Merleau-Ponty, de Sartre...

Tudo o que se submete à força (e o prestígio compõe três quartos da força) cai em seu império degradante[11]. E aos intelectuais falta coragem para afrontar o prestígio e dirigir seu olhar para o que não atrai atenção social.

Nos *Escritos de Londres*, comentando Shakespeare, ela afirma:

[...] neste mundo só os seres que caíram no último degrau da humilhação, abaixo da mendicância, não somente sem consideração social, mas desprovidos da primeira dignidade humana, a razão – só esses têm de fato a possibilidade de dizer a verdade. [...] Verdades puras, sem mistura, luminosas, profundas, essenciais[12].

11. "A Ilíada ou o Poema da Força", *A Condição Operária*, cit.
12. *Écrits de Londres*, Paris, Gallimard, 1987, pp. 255-256.

Stanislas Breton[13] compara a aspiração de Simone:
"É preciso que a justiça seja vista sem prestígio, nua, despojada de todo o brilho da reputação"[14] com a figura ideal do justo de Platão, privado da aparência de justiça:

> Vamos despojá-lo de tudo, exceto da justiça e, para que o contraste seja perfeito entre ele e o outro (o criminoso inteiramente injusto e inteiramente feliz), para que sem ser culpado da menor falta, ele passe pelo mais celerado dos homens, a fim de que a justiça posta à prova se reconheça na constância que ele mantiver ante a má reputação e as consequências que ela comporta; que ele fique até a morte inabalável, virtuoso sempre e parecendo sempre criminoso...[15]

Perdendo a aparência louvável e as honrarias e prêmios que advêm dela, ninguém pensará que ele seria justo por causa dessas recompensas.

O justo sofredor, desprezado pelos homens, torna-se, pelo excesso do esquecimento de si mesmo, o ícone do Absoluto.

A expressão "é preciso" em Simone não é uma figura de estilo, segundo Breton, mas um imperativo heroicamente praticado na guerra civil espanhola de onde veio ferida, na condição operária, nos tempos de Resistência que esgotaram suas pobres forças sustentadas pelo amor. A tuberculose pôs termo aos seus projetos num sanatório de trabalhadores onde ela escolheu morrer.

Inspirada nos textos hindus (ela lia os *Upanishads* às suas companheiras de vindima quando trabalhava no campo) faz estas reflexões:

---

13. "Simone Weil, l'admirable", cit., p. 34.
14. *Intuitions préchrétiennes*, pp. 82 e 85.
15. *República*, 360e-361d.

Tudo o que é menor que o Universo está submetido ao sofrimento; sendo parcial se submete às forças exteriores. O sofrimento nos faz perder o universo, nos torna um fragmento. O ponto de vista sobre o todo nos foi dado pela cultura, pela educação. O escravo não tem ponto de vista. "A fragmentação é a essência da escravidão." Quis assumir, pois, a condição do escravo para perder o ponto de vista que a cultura e a condição econômica lhe haviam possibilitado.

Gosto de repetir aos meus alunos que a permanência de Simone Weil na fábrica não foi eficaz: nada descobriu que melhorasse a linha de montagem, não renovou a teoria marxista, nem mudou a história das classes trabalhadoras.

Mas criou um extraordinário acontecimento ético.

Teve o sentido que Gandhi chamava de *Yajna*, "o grande sacrifício" em sânscrito: uma ação que favorece muitas pessoas, uma ação exemplar desligada de todo pagamento ou recompensa para quem agiu.

Simone amava os poemas litúrgicos védicos que se referem à árvore do mundo, à figueira eterna, ao *Açvatthá*.

Nela estão pousados dois pássaros: um que come seus frutos, outro que olha e não come.

O pássaro que não come o fruto presta atenção. Sua renúncia partilhará e multiplicará os frutos saborosos para todos nós.

É o espírito-testemunha que vê o outro consumir, no instante, a vontade devoradora e passional que não será instrumento de salvação se não for acompanhada pelo olhar, pela escuta, pela atenção... e pela renúncia à posse do resultado.

Essa dualidade para Simone Weil – olhar e consumir – como duas operações diferentes – constitui a dor da vida humana. Comer, ter fome, consumir, ter fome... eis a cadeia do sofrimento.

A felicidade seria se elas fossem o mesmo. Se fossemos nutridos pelo que contemplamos! A dor nasce da cisão entre comer e olhar, consumir e contemplar, a possessão e a atenção.

A filósofa, que se tornou metalúrgica e cujo corpo guardou para sempre as marcas da escravidão, é o pássaro que, pousado na figueira (por tão poucos anos!), olha intensamente, fazendo a piedosa oferenda do presente.

Título	O Tempo Vivo da Memória
Autora	Ecléa Bosi
Capa	Ricardo Assis
Revisão	Cristina Marques
Editoração Eletrônica	Aline Sato
	Camyle Cosentino
Formato	16 x 23 cm
Tipologia	Times LT Std
Papel do Miolo	Pólen Soft 80 g/m^2
Papel de Capa	Cartão Supremo 250 g/m^2
Número de Páginas	224
Impressão	Graphium